自閉症児の
国語(ことば)の教育

江口季好編

まえがき

自閉症と診断される子どもたちは近年、急速な増加をみせています。さらに、自閉症とは診断されないまでも、友達と遊べない、言語理解が乏しいなどの症状を示す、いわゆる自閉症圏障害とよばれる子どもも増加しています。

そして「私の学級に自閉症の子どもがいるんです。ことばも通じないし、気持ちも通じません。どうしたらいいのでしょうか。」という先生たちからの質問を私は何回、何十回もうけてきましたし、同じようなことをお母さんたちからもきかされました。こんなとき、いろいろ私の経験もまじえて話し合いましたが「教育の方法はこれからの大きな課題ですね。」というところにいつも落ちつかざるをえませんでした。

自分自身の経験からしても、自閉症児が多くなりつつあることを感じていた私は、いくつかの専門書を読み、私自身の経験をもとに同成社の小冊子『どうなる通信』に自閉症の言葉の教育について連載したり、この課題についての講演をひき受けたりしてきました。そうしたなかで、教育現場や生活のなかで先生方や親御さんたちに役に立つ本の必要性を、強く感じさせられました。

現在、自閉症についての本は五〇〇冊以上刊行されています。そして、自閉症児の教育にとって大事なことは、ことばの指導であるということは多くの方が指摘されています。しかし『自閉症児の国語教育』という内容の本は出ていません。このことは、この問題が理論的にも実践的にもたいへん難しいものであるという証しでもあるように思われます。また障害の個別性が強く、個々の経験をなかなか他の例に当てはめにくいこと、一般化できにくいことにもよると思われます。

しかし、そうであっても、少しでも子どものよい成長が見えた教育的な経験は大切にしなければならないし、今できることはそういう先生たちの経験をたくさん集めることだろうと考えました。また、私はかなり以前から、自閉症について「文法意識形成不完全症候群」ととらえてもいいのではないかと主張してきましたし、東京全障研の先生たちとこの研究をつづけてきました。

今回、この方向に沿って本をまとめることとし、全国各地の先生たちに呼びかけてできるだけ多くの実践例を集めようと試みました。そして多くの方のご協力を得ることができ、同成社のご援助で本書の刊行をみるにいたりました。この本が各方面で生かされ、少しでも障害をもつ子どもたちの成長に役立つものとなれば幸いです。

二〇〇三年二月

江口季好

目次

第*1*章

自閉症とは

一　自閉症の様態

自閉症とはどのような障害でしょうか。またこの障害は他の近接する障害とどのような連関があるのでしょうか。さらにこの障害の研究はどのような経過をたどってきたのでしょうか。

「先生、進君がいなくなりました。どこを探してもみつかりません。校門の門扉は旋錠されていますから、たぶん、校内のどこかにいると思いますが」と顔色を変えて、その年学校に勤めるようになった新卒の女教師が職員室に飛び込んできました。夏休みを目前に控えたある暑い日のことでした。このような事件のときにはいつもそうするように、校長をはじめ教頭や授業に出ていない教師、事務職員、用務職員などが手分けをして捜しました。幸いなことに、ほどなく進君は見つかりました。でもなかなか進君を発見できない場合には、緊急校内放送で呼びかけて、もっと大勢の職員から協力してもらうこともありました。

進君は、四月に私たちの障害児学級に入学した一年生です。障害名は自閉症です。顔かたちはとても端正で、まるで歌舞伎の有名な女形の俳優を彷彿させます。入学当初に見られたこの子の状態は、およそつぎのようでした。

まず行動面は、多動でひとときもじっとしておりません。まだ危険を予知する力が十分に育っていなくてすぐにどこかに行ってしまうため戸外では安全上、保護者や教師が手をつないでいなければなりません。でも進君は拘束されることがいやで、その手を振りほどいて脱兎のごとく走り去ってしまいます。その動きがじつに敏捷なので、すぐに姿を見失ってしまうのです。また高いところに昇るのが好きで、ロッカーや戸棚などの上にしばしば昇ります。

基本的な生活習慣での(一)排泄は、小便の方は一応自立していますが、大便は下着やトイレ以外のところにしてしまい、どのように指導を繰り返してもこちらの求めに応じようとしません。(二)衣服の着脱はほぼひとりでできる力をもっていました。(三)食事は偏食がいちじるしく、菓子類のスナック菓子やピーナッツや柿の種などを好んで食べるのですが、学校給食の料理をほとんど口にすることができませんでした。

言葉や認識面は、一語文か二語文で自分の要求を表し、またおうむ返しやテレビのコマーシャルなどをよく発語するものの、言葉はコミュニケーションの手段になりえませんでした。言語の理解力はいちじるしく低く、とくに抽象的概念を聞いて理解することができず、文脈や事物の筋道を理解することも困難でした。

人間関係では、人とのかかわりがきわめて希薄です。「目は口ほどにものをいう」のたとえのように、目はあるものを見る器官のほかに自分の意思や感情を表現する器官でもあるのですが、その働きは弱いものです。視線を合わそうとしません。また教師に対しておんぶや肩車を執拗に要求してくるのですが、友だちとの遊びやある課題を互いに共有したり、その楽しさや喜びを共感し合うことは見られませんでした。

遊びはひとり遊びが多く、それがいつも同じ内容に限定されていて他のことに広がって行きません。たとえば水遊びがとても好きなのですが、水道の蛇口を一杯に開放して水を勢いよく流し、身体をずぶ濡れにしながら奇声をあげて悦に入っています。しかもその遊びが際限なくつづくのです。もしもその遊びを中断させようとするならば、激高して止めようとした相手を攻撃してくるか、自分の身体を傷つける自傷行為が見られます。

情緒面は、今まで穏やかに過ごしていたかと思えば、突然パニックに陥るように感情の起伏が激しく、まるで快と不快の状態しかないように単純です。本来この快や不快の状態にも大、中、小のように量的な差異はあるはずですが、そうしたちがいはあまり見られません。ですから雨にたとえれば、いつも「降れば土砂降り」で、しかもどんな「大雨」もスコールに似ていて止むとすぐに「晴天」になってしまいます。このように気分の転換は、急激に起こります。

最後に、強いこだわりがあることです。たとえば毎朝登校してくると、まずはじめに靴箱に収められている全校児童の履物を自己流に一定の間隔を保って並べ替えます。このような手つづきをしないとつぎの行動に移れません。それはあたかも儀式的な行事を強制させられているみたいです。しかも律義にも、時間や都合の有無にかかわらず毎日判で押したような、同一の生活パターンを繰り返し、例外は許されません。

以上が概略、進君の当時の姿でした。

その後、進君は障害児学級で六年間勉強し、中学部と高等部は養護学校で六年間学び卒業しました。その学校生活で進君は勉学に励み、読み書きを習い、日常生活で最小限度必要なことなどをことばを通じてやり取りする力を身につけることができるようになりました。今はもう落ち着いた青年となり、作業所で仕事に励んでいます。余暇には、家族の人やボランティアの人たちと買い物や旅行などをして生活を楽しんでいます。

二　自閉症の不幸な歴史

自閉症児たちは、「自閉」という文字から世間の人たちはこの子たちのことを「自分の殻に閉じこもった人」、「自分の心を閉ざしているような児童」だろうと想像するかもしれません。でも本当のところはどうなのでしょうか。いく人かの著者やその著書から自閉症についての知見を引用させてもらいながら、もう少し詳しく調べてみましょう。その前に、カナー型の自閉症とアスペルガーが主張した自閉症の二つについて説明しましょう。はじめにカナー型の自閉症についてです。

今から約半世紀前の一九四三年、小児精神科の医師であったアメリカのカナー（Leo Kanner, 1894-1981）が一群の障害児がいることを発見し、学術誌に論文を発表しました。カナーは、知的障害児のなかに人との情緒的なかかわりを極端に嫌う子どもたちが一一人もいることを発見したのでした。

自閉症は、脳機能の障害が強く推測される発達障害ですが、カナーは当初この自閉症児を児童分裂病と診断していました。その後カナーは、臨床や研究をつづけそれが誤りであることを明らかにしました。しかしこの論文は、秀れた研究成果による記述のため約半世紀を経た今日でもなお、自閉症の症状論に関するかぎりまだ異彩を保ち、光彩を失っていないといわれています。

では、自閉症児とはどのような特徴をもつ障害なのでしょうか。その定義と診断の基準となる観点をまとめてみましょう。それは次の三つの臨床的な特徴をもつ発達障害です。

第一は、社会性の障害があります。たとえば人と目を合わせない、交流を自ら求めない、人との感情の共感ができないなどの行動が特徴です。人間関係がたとえ親子、兄弟姉妹でも希薄です。この対人関係の希薄なことを、相互的社会交渉の質的障害といいます。

第二は、コミュニケーションの障害です。ことばのいちじるしい遅れやおうむ返しが見られ、指差しやジェスチャーなどの非言語的表現で自分の感情や意思を表すことが乏しく、言語の情緒的使用や比喩などを理解するのが困難です。つまり、人に対して感情や意思を伝えるための言語と非言語性コミュニケーションの質的障害が特徴です。

第三は、想像力の障害とそれにもとづく行動の障害です。たとえば模倣や見立て活動が困難で、ごっこ遊びが欠如していて、自己を刺激する行動へ熱中し、常同的儀式的行動の反復が見られたりします。また特定の物や記号への固執、順序や配列への固執などが見られます。このほかに同一性の保持行動や活動、興味がいちじるしくかぎられているのが特徴です。

自閉症とは、以上のような症状が認められる行動的症候群だといえます。

つぎはアスペルガー症候群についてです。

この自閉症は、一九四四年にオーストリアの小児科医師であるハンス・アスペルガー（Hans Asperger, 1904-1980）が四名の男児の症例を「自閉症的精神病質」という題で論文を発表しました。それは、カナーがはじめて、幼時自閉症の症例を報告した翌年のことでした。当時は第二次世界大戦中でもあり、二人の間には事前の議論もないままに発表されましたが、二人の説く自閉症の状態像には類似点と相違点とがありました。カナーの幼時自閉症はあくまでも疾病概念であるのに対して、アスペルガーは性格の偏奇を意味する精神病質という用語を用いた「自閉症的精神病質」としました。アスペルガーによれば、この状態は、性格障害と解釈されるべきもので、カナーのいう自閉症とは異なって能力は高く、予後はよいとされていました。

まず類似点はつぎのとおりです。

第一は、社会性の障害、つまり相互的社会交渉の質的障害です。集団生活に適応できず周囲からの孤立、対人関係では他者への思いやりに欠け、自己中心的な面が見られ、ユーモアがないことです。

第二は、特定の対象に熱狂的な興味・関心を示し、興味極限児ともいわれます。このような類似点は社会性（対人関係）と感情移入（共感性）の障害です。

つぎに異なる点です。

第一は、言語能力と知的能力が高いことです。ただし文法的には正確なことばを話せても、微妙な皮肉や冗談あるいはいい回しなどを理解するのが困難です。また知的能力は境界線水準以上の能力があるといわれています。

第二は、手指の操作性が不器用なことです。

ところでカナーは、自閉症の本質をつぎの二つに要約しています。その一つは、自閉性障害を構造的に見た場合、社会的・情緒的側面の障害が中核的根底にあること。その二は、自閉症はなんらかの生物学的器質の欠陥がおもな原因ではないか、というのです。

にもかかわらずカナーは、先の論点を首尾一貫して追求せずに他のところで、自閉症の親は几帳面で完全主義的なところがあり、情緒的に潤いを欠く面もあるとも述べています。つまりそれは、家族に特有な心理構造があるとも受け止められかねない表現をしていました。またカナーは、自閉症児が利発な顔貌をしていて物事に対する秀れた能力を潜在的にもち合わせている、とも語っています。カナーは決して断言していないのですが、そこから、この子たちは本来、秀れた能力をもちながら環境や養育態度が良好でないため、その能力を発揮できないでいるのではないか、と推測する人たちがいたのかもしれません。

不幸なことは、当時のアメリカの精神医学界には、精神分析派が主流を占めていて、人の異常行動は養育環境と親の性格・態度によるところが大きい、という考えが有力でした。こうした時代背景とカナーの一言半句をとらえて拡大解釈する流れとがあいまって、非科学的な三つの神話が形成されていきました。

(1)自閉症は心因に対する防衛として生じ、原因は生育歴にあり、親の性格や養育態度にある。

(2)自閉のために現れないが、潜在的な認知と知能は本来良好である。
(3)自閉症には決して器質障害はないはずである。

こうした神話が拡大解釈され誤って流布されたため、自閉症児の親や家族や関係者のなかには心の痛手を被ったり、また将来に対して幻想を抱いたりする人たちもいました。というのは、自閉症の原因が生育過程での失敗によるとされるため、親としてわが子に申し訳ないという自責の念にかられたからでした。またその一方では、自閉症児は本来、潜在的に良好な能力をもち合わせているとされるので、その自閉さえなくなればふつうの子どもになれるという誤った考えを抱いたりしたからです。

もちろん、この神話は教育現場でも指導方法に誤りをもたらし、混乱させました。一つは、生育の仕方に問題がある結果自閉症になったため、十分愛情をそそぐことにより自閉がなくなるという考えです。そのため何歳になろうとも、自閉児を「大きな赤ちゃん」とみなして彼らの要求をすべて受け入れる受容理論が横行しました。その反対の極には、自閉症の原因が先の受容理論と同じ、生育上の失敗の結果もたらされたのであるから、子どもをきびしく躾け、生活態度の改善に努めることにより潜在的に備わっている良好な能力を引き出すべきであるという考えです。そこにまさに、右か左かの二者択一の考えしかありませんでした。このように誤った指導の仕方により犠牲を被ったのは、いうまでもなくこの子たちでした。

二　理論の転換

以上のように、カナーの最初の考えとは異なる心因論で自閉症を理解する時代がかなりつづきました。しかし、一九六〇年代の終わりから一九七〇年代初頭にかけて医学の進歩と自閉症に対する研究の深まりの結果、自閉症の本質についての議論は大きく転換することになります。

第一に、自閉症の原因が心因論に代わって、生物学的要因つまり大脳の器質障害によるものといわれるようになりました。第二に、カナーが主張した社会性の障害に代わって、認知、知覚、言語の障害こそ自閉症の原因の本質であるとの主張です。この結果、一九七〇年代は認知障害の研究がすすみ、また教育の分野では認知障害を改善して発達を促進する教育方法が大勢を占めるようになりました。

しかし、一九八〇年代になるとこの認知理論に対する疑問が大きくなってきました。つまり、この認知理論から自閉症の状態像をすべて説明することがむずかしいことが明らかになってきました。その理由は、認知や言語の障害がきわめて軽い場合や認知の障害が改善された場合でも、社会性の障害、つまり希薄な人間関係の問題はいっこうに変化や改善は認められないからでした。この結果、自閉症の原因には社会的情緒的な障害がまず基底にあって、そのことが認知や言語の発達を阻害する要因になっているのではないか、という疑いが濃厚になってきました。そして一九八〇年代後半になると、自閉症の研究はこの社会性の障害にかかわる問題に傾注されるようになりました。

四　自閉症の診断基準

自閉症であることを認定するには、確たるその診断基準がなくてはなりません。現在、権威ある基準がありま す。それは、ＤＳＭ－４ＲとＷＨＯの診断基準です。また、アスペルガー症候群についてもＤＳＭ－４ＲとＷＨ

Oの診断基準があります。

はじめにDSM－4Rにおける自閉症の診断基準を、つぎにWHOにおける自閉症の診断基準を、最後にDSM－4Rにおけるアスペルガー症候群の診断基準を見ることにしましょう。

このDSM－4Rとはアメリカの精神医学会の「精神障害の統計と診断の手引き」（Diagnostic and Statistic Mannual of Mental Disorder）の改定四版ということです。その改定四版には、自閉症の診断基準がつぎのように書かれています。

A （1）、（2）、（3）から合計六つ（またはそれ以上）、うち少なくとも（1）から二つ、（2）と（3）から一つずつの項目を含む。

（1）対人的相互反応における質的な障害で以下の少なくとも二つによって明らかになる。

（a）目と目で見つめ合う、顔の表情、体の姿勢、身振りなど、対人的相互反応を調節する多彩な非言語性行動の使用の障害。

（b）発達の水準に相応した仲間関係をつくることの失敗。

（c）楽しみ、興味、成し遂げたものを他人と共有すること（例：興味のあるものを見せる、もってくる、指さす）を自発的に求めることの欠如。

（d）対人的または情緒的相互性の欠如。

（2）以下のうち少なくとも一つによって示される意志伝達の質的な障害。

（a）話しことばの発達の遅れまたは完全な欠如（身振りや物まねのような代わりの意志伝達の仕方により補おうという努力をともなわない）。

(b)十分会話のある者では、他人と会話を開始し継続する能力の著明な障害。

(c)常同的で反復的な言語の使用または独特な言語。

(d)発達水準に相応した、変化に富んだ自発的なごっこ遊びや社会性をもった物まね遊びの欠如。

(3)行動、興味および活動の限定され、反復的で常同的な様式で、以下の少なくとも一つによって明らかになる。

(a)強度または対象において異常なほど、常同的で限定された型の一つまたはいくつかの興味だけに熱中すること。

(b)特定の機能的でない習慣や様式にかたくなにこだわるのが明らかである。

(c)常同的で反復的な衒奇的運動（たとえば、手や指をぱたぱたさせたりねじ曲げる、または複雑な全身の動き)。

(d)物体の一部に持続的に熱中する。

B　三歳以前に始まる、以下の領域の少なくとも一つにおける機能の遅れまたは異常：(1)対人的相互作用、(2)対人的意志伝達に用いられる言語、または(3)象徴的または想像的遊び。

C　この障害はレット障害（女児に出現する広汎性発達障害）または小児期崩壊性障害ではうまく説明されない。

つぎにＷＨＯ（世界保健機構）のＩＣＤ（国際疾病分類）の自閉症の診断基準を見ることにしましょう。

A　三歳以前から現れる発達の異常または障害の存在。通常は明らかな正常発達の前駆期はないが、あったとしても、正常発達期は三歳を越えない。三歳以前の機能の遅滞および／または障害は（たとえその時点で気づかれようと気づかれまいと）、つぎの領域のうちの少なくとも一領域に認められることを要す。
(1)社会的コミュニケーションに使われる受容性言語および／または表出性言語。
(2)選択的な社会的愛着の発達および／または相互的社会関係の発達。
(3)機能的遊びおよび／または象徴的遊び。

B

社会的相互関係における質的な障害（診断には五項目のうち、少なくとも三項目）。
(1)社会的相互関係を調整するために視線・表情・姿勢・身振りなどを、適切に用いることができないこと。
(2)(豊富な機会があるにもかかわらず、精神年齢に相応して)、興味・活動・情緒を相互に分かち合う友人関係を十分に発展させることができないこと。
(3)ストレスや苦悩に直面したとき、快感や情愛を得るために他者を探したり求めたりすることが稀であること、および／または他者が苦悩や不幸感を示すとき、慰めや情愛を与えないこと。
(4)他者の幸せについてその人の身になって喜びを分かちあうことができず、および／または他者といっしょになり、共通の喜びを自発的に表せないこと。
(5)他者の示す情緒への異常あるいは偏った反応で示されるような、社会的情緒的相互関係の欠如、および／または社会的状況に応じた行動の調整の欠如、および／または社会的・情緒的なコミュニケーション行動における統合性の弱さ。

C

コミュニケーションにおける質的障害（診断には五項目のうち、少なくとも二項目）

(1)話しことばの発達遅滞は全般的欠如。それは、コミュニケーションの代替的な方法としての、身振りやパントマイムを使って補おうする試みもともなわない（喃語《なん》によるコミュニケーションの欠如が先行していることが多い）。
(2)他者とのコミュニケーションに対する相互的な反応として、会話によりやりとりを開始したり継続していくことが相対的にできない（いかなるレベルの言語能力が存在していても）。
(3)常同的反復的なことばの使用および／または特有な単語や文節のいいまわし。
(4)会話のピッチ・強さ・速度・リズム・抑揚における異常。
(5)さまざまな自発的なごっこ遊び、または（若年であれば）社会的模倣遊びの欠如。

D　行動の関心および活動の局限的、反復的、常同的なパターン（診断には六項目のうち、少なくとも二項目）。
(1)関心が常同的かつ局限的なパターンを特徴とし、それに没頭すること。
(2)通常には見られない対象への特殊な愛着を示す。
(3)特異な非機能的な日常の手順や、形式的なまたは儀式的なものに対して明らかに脅迫的な執着心をもつ。
(4)手や指をひらひらさせたり絡ませたり、または身体全体を使った複雑な動作などといった常同的・反復的な奇異な運動。
(5)道具の局所的な部分や非機能的な要素へのこだわり(それが出す匂い・感触・雑音・振動などのようなもの)。

(6)周囲の子細で非機能的な変化に対する苦痛。

E　その臨床像はつぎのものによらない。すなわち、広汎性発達障害の亜型、二次的な社会的情緒的障害をともなう受容性言語障害、反応性愛着障害または脱抑制型愛着障害、なんらかの情緒ないし行動障害をともなう精神遅滞、通常より早期に発症した分裂病、レット症候群。

DSM—4Rにおけるアスペルガー障害（症候群）の診断基準

A　以下のうち少なくとも二つにより示される対人的相互作用の質的な障害。

(1)目と目で見つめ合う、顔の表情、体の姿勢、身振りなど、対人的相互反応を調節する多彩な非言語性行動の使用の著明な障害。

(2)発達の水準に相応した仲間関係をつくることの失敗。

(3)楽しみ、興味、成し遂げたものを他人と共有すること（たとえば、他の人たちに興味のあるものを見せる、もってくる、指さす）を自発的に求めることの欠如。

(4)対人的または情緒的相互性の欠如。

B　行動、興味および活動の、限定され反復性で常同的な様式で、以下の少なくとも一つによって明らかになる。

(1)その強度または対象において異常なほど、常同的で限定された型の一つまたはそれ以上の興味だけに熱中すること。

(2)特定の、機能的でない習慣や儀式にかたくなにこだわるのが明らかである。

（3）常同的で反復的な衒奇的運動（たとえば、手や指をぱたぱたさせたりねじ曲げる、または複雑な全身の動き）。

（4）物体の一部に持続的に熱中する。

C　その障害は社会的、職業的、または他の重要な領域における機能の臨床的にいちじるしい障害を引き起こしている。

D　臨床的にいちじるしい言語の遅れがない（たとえば、二歳までに単語を用い、三歳までに意志伝達的な句を用いる）。

E　認知の発達、年齢に相応した自己管理能力（対人関係以外の適応行動、および小児期における環境への好奇心など）について臨床的に明らかな遅れがない。

F　他の特定の広汎性発達障害または精神分裂病の基準をみたさない。

五　自閉症のタイプ

一口に自閉症といっても、現れている状態は各人にちがいがあります。ですから、自閉症児がかりに一〇人いれば、基本的な障害は同じであってもその実態像は各人個別的で一〇通りにもなるかも知れません。はじめに紹介した進君もその一例にすぎません。そこで、「自閉症」の多様性をふくむ「自閉性障害」という用語も一般化してきています。

しかし、自閉症の子どもを大きく分けると、三つのタイプに分類することができます。そのことを中根晃氏は著書でつぎのように書いています。

アメリカのドマイアーは、自閉症を知能指数の良否をその基準として三分類しました。

(1)高機能自閉症

正常な知能水準をもち、コミュニケーション能力を備えていて、普通教育の可能なレベルの学力をもつ。普通教育を受けられるレベルの学力をもつ。

(2)中機能自閉症

軽度精神遅滞の知能水準があり、単語や簡単なやり取りの言語をもつ。相手の言葉は日常生活にかかわる具体的なことならある程度理解できるが、本人からの発語は一方的なことが多く、会話として成立しにくい。

対人関係は一方的で、集団行動の意識が低く、自分の判断で行動することが多い。

(3)低機能自閉症

重度精神遅滞の知能水準にあり、言語をほとんど理解せず、自他の意思の交換は困難であるから言語交流は不能の状態にある。

状況に合わせて行動することができず、集団からはずれていることが多い。

つぎに、自閉症とアスペルガー症候群が他の障害、たとえば精神遅滞や学習障害それにＡＤＨＤ（注意欠陥／多動性障害）とどのように近接し、どのような関連があるのかについて見てみましょう。かつて自閉症やアスペルガー症候群、それに他の障害の研究がまだそれほど進んでいなかった時代には、それぞれの障害は個別的にとらえられていて、概念的に説明されていました。しかしそれらの研究がすすむにつれて、おのおのの障害が他の障害と重なったり、関連していることが明らかになってきました。上野一彦氏は、他の障害と近接する概念の関連を図1のように説明しています。この関連図によると正確な数量の割合は分からなくても、概算でいえば自閉症は約七、八割が精神遅滞であり、約五割近くがADHDの要素を含み、約四割くらいが学習障害の要因をもち、二割近くがアスペルガー症候群と重なり合っていることが分かります。一方、アスペルガー症候群の方は、精神遅滞がほとんどいなく、ADHDの要因をもつ者が少ない代わりに学習障害と重なるところが八割近くも認められることを示しています。

さらに自閉症についての研究がすすみ、一九八〇年代になると自閉症の周辺には、自閉症とは認められないけれどもその要因を合わせもつ一群の障害の存在が明らかになってきました。そしてこれらの障害を包摂する上位概念として、広汎性発達障害（Pervasive Development Disorder）という範疇が考えられるようになりました。そこにはカテゴリー概念として、自閉性障害、レット障害、小児期崩壊性障害、アスペルガー障害、特定不能PDD（広汎性発達障害）を含みます。杉山登志郎氏は広汎性発達障害の一覧を図2のように表しています。

他方、自閉症をスペクトラム概念としてとらえようとする学説も現れてきました。それは概念的な解釈ではなく、連続体として理解する考え方です。一九七〇年代から八〇年代にかけて、カナー型の自閉症は自閉性障害というよりもっと広いスペクトル（連続体）の一部分だとする考え方が検討され始めました。この見解にかかわる検討は現在もなお、つづけられています。スペクトラム概念では、図式化すれば自閉症↕連続体↕アスペルガー症候群となるでしょう。

最後に、自閉症児の男女の出生比率と出現率について触れておきましょう。まず男女の出生比率では、統計の取り方により多少の差異があるものの、男児の出生率は女児の四～五から六～七倍といわれています。

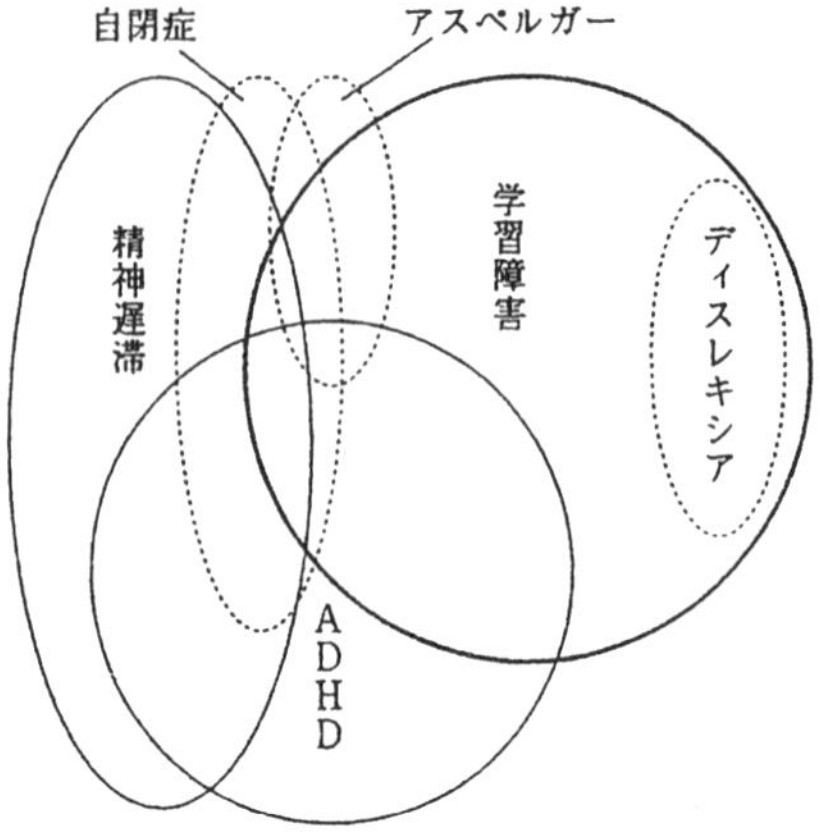

図１　学習障害と近接概念の関連図

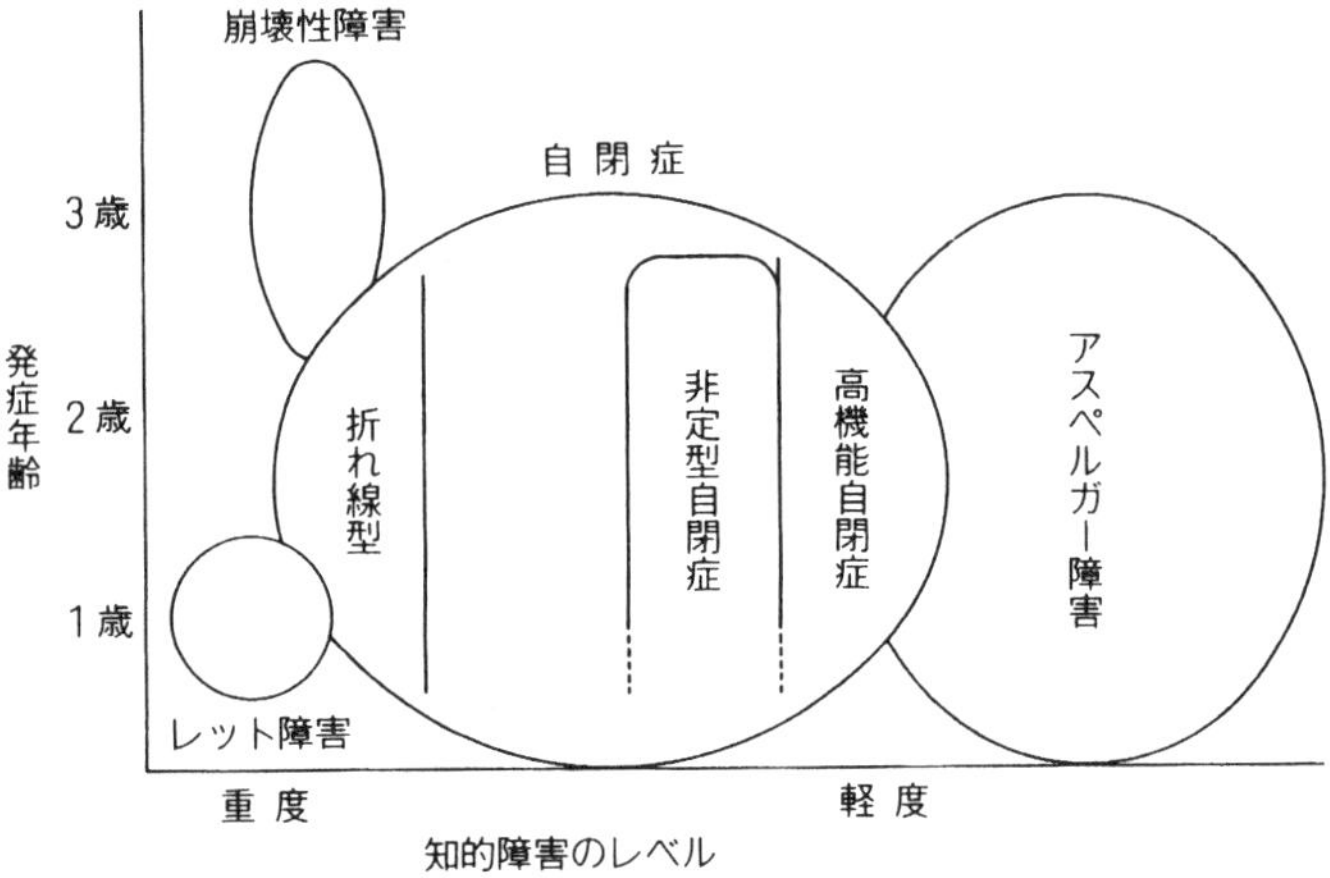

図２　DSM-IVによる広汎性発達障害の一覧

自閉症は以上のように一つの障害として限定してとらえることができませんので、本書では多くの場合「自閉性障害」というとらえ方をしています。

つぎに出現率の方はどうでしょうか。カテゴリー概念では、自閉症を狭く解釈しているため七〇％以上に知的遅れがあり、その出現率が一万人に三、四人でまれな障害だといわれてきました。ところがスペクトラム概念の方では、ＡＤＨＤとの重複診断も認めることもあり、より広い角度で自閉症をとらえていて七〇％以上が正常知能であるとされています。これらの出現率は千人に六〜一〇人という具合に決してまれな障害でもありません。

参考文献

（1）酒木　保『自閉症の子どもたち』、ＰＨＰ新書
（2）野村東助ほか『自閉症の言語指導』、学苑社
（3）上野一彦「学習障害の発達と心理」、季刊誌『こころの科学』
（4）杉山登志郎「アスペルガー症候群および高機能広範性発達障害をもつ子どもへの援助」、季刊誌『発達』85号
（5）中根　晃『自閉児の保育・子育て入門』、大月書店
（6）杉山登志郎ほか、『自閉症児の発達と指導』、全障研出版部
（7）久保紘章ほか監訳『自閉症スペクトル』、東京書籍
（8）冨田真紀ほか訳『ガイドブック　アスペルガー症候群』、東京書籍

（この章の担当：浦上雄次）

第2章

国語（ことば）教育の課題

一　自閉症児のことば

一年生に入学したとき、ことばがまったくない子ども。ことばが出ていても、あらゆるときに「新登場」「新発売」というテレビでよく聞くことばを発する子ども。名前を呼ばれても、「はい。」という返事ではなく、呼ばれたことばを、おうむ返しに答える子ども。

このほか、「電車に乗った」ということを「電車が乗った」といい、「病院に行った」ということを「病院と行った」という子ども。電車に乗ったり、病院へ行ったりすると「お名前は?」「生年月日は?」とか、かならずそこにいる人たちにきいてまわり、それをとめるとパニック状態になる子どもなど、自閉症児のこのようなことばの特徴を話し合っていると、たくさんの話題が出てきます。

自閉症児はことばの力が未発達で、このために人間関係もうまく成立しにくいと思われます。このことばの未発達の姿は多岐にわたっていますが、それはおよそつぎのような項目にまとめることもできるようです。

二　ことばが、まったく出ない子ども

呼吸するとき、かすかに唇のあたりで音が出ている程度で、音声やことばとはいえない無声音が出ている子どもがいます。家庭では耳の病気のためにことばが出ないのではないかと心配して病院の耳鼻科に行ったりしますが、「耳には異常はない」と診断される子どもです。

この子どもたちをよく見ていますと（私がかかわったのは三人ほどです）まわりの音や人の音声など、まったく認知していないと思われる場合と、生活のなかでわずかではあるけれども認知していると感じられる場合があります。このような子どもには、その発達の姿を細かにとらえながら教育的対応をしていく必要があると思われます。

大田区立池上小学校に入学することになった、とう君について、お母さんは、担任する私（江口）に、「うちの子は今まで声を出したことがありません。耳が悪いのではないかと思って、あっちこっちの病院で診察してもらいましたが、『耳は異常ありません。』ということでした。そして、『自閉症じゃないでしょうか。』といわれて精神科に行ったら、やはり自閉症でした。先生、どんなことでもやってみて下さい。先生にお任せします。よろしくお願いします。」といわれました。

とう君は名前を呼んでもふり向くことはしないし、いつも両手をあごのそばでひらひらさせていました。食べ物もすききらいがあり、かなり痩せていました。私はほんとうに音が聞こえないのかと思って、プレー室に大太鼓を出していたので、とう君が近くによってきて太鼓に背を向けたとき、思いきりドンと叩きました。音とともに空気の振動もとう君に伝わって、太鼓の方をふり向くかと思いましたが何の反応も見せませんでした。つぎに、とう君の後に行ってピストルを鳴らしました。でも見向きもしません。だっこしても、いやがって私から離れていきます。トランポリンも好きではありません。絵本などは見ようとしないし、ただ一日中手をひらひらさせて、少しばかりぴょんぴょん飛ぶかっこうをして楽しんでいるようでした。

ところが、六月のある日、私が教材教具のカタログを見ていると、そばによってきて、一つひとつをじっと見つめて、手を顔の前でひらひらさせて、うれしそうな顔をしました。ページをめくると、やはり喜んで見てくれました。私はとう君をだっこして、ページをめくっていっしょにカタログを見ました。

カタログを棚の上に置くと、とってくれと私の手をもってクレーン動作をしました。とってやると、うれしそうな顔で「ウーウー」という声のような音を出して見ています。私はこのとき、カタログで指導できそうだと思いました。

翌日から私はとう君をひざの上にのせて、いっしょにカタログを見て、紙にシーソーやジャンピングやつみ木などの絵を描いて、そばにその名前を書くようにしました。とう君は私が書くのをじっと見て楽しんでいました。

一年ほどすると、とう君は自分でカラーペンをもって絵を描くようになりました。そして三年生になると文字もかなり書けるようになりました。私はよくとう君の絵を描いて、そばにとう君の名前を書きそえてやっていました。やがて、私に紙とカラーペンをもってきて描いてくれと要求するようになりました。私はとう君の要求を大切にしながら学習をすすめました。

あるとき、とう君の絵を描いて、そばに名前でなく「おとこのこ」と書いたら「ちがう」という表情で、この文字をやぶって、名前を書いてくれと私にペンをもたせました。私はこの後、とう君に自分が男の子であることを、ことばとともに、どうしたら理解してくれるだろうかと、これからの実践の楽しみや希望を感じて、とう君をだきしめました。

とう君はしだいに文字で自分の要求ができるように成長していきました。家でも「カレー」と書いて、お母さんに渡してカレーを作ってもらったりするようになりました。

この後もつづけて卒業するまで、小さな紙に漢字で「電話」と書いてセロテープでいっしょに電話に貼ったり、「水道」と書いて水道に貼ったり、「自転車のハンドル」と書いて、そこに貼ったりしながら語彙を増やしていきました。しかし、文では対話をするところまでは指導できませんでした。

音声言語の出ない子どもには発声、発語の指導をしながら文字言語を身につけてやりたいと思います。文字言語の認知の指導と文字を生活に生かす力を育てなければならない自閉症の子どももいるようです。

三　音節を聞く力——始語の指導は

何かの音には反応しても、友だちや親や教師のことばにまったく反応を示さないで勝手に歩き回る子どもがいます。「こうちゃんはどれ？　先生はどれ？」と聞いても、聞こえてはいても指さしができない子どもです。また、指さしはできても紙芝居やペープサート、絵本などの読み聞かせに五分間も集中できない子どもがいます。

ことばを聞いて理解する力もないし、また発声・発語もないようです。しかし私はことばを耳に入れて発語を促します。

音節が一つでも出ると、いくらでも出る可能性があり、単語もいえるようになります。音節の発音がゼロであれば、発語はのぞめません。一つの音節が出るか出ないかということは重大なことです。だから私はなんとかして一つの音節を出させるために、いろいろな方法を考えて始語（発声）の指導をつづけます。ここでは、まったくことばのなかった、やあ君の始語指導を書くことにします。

一年生に入学してきたとき、やあ君はまったくことばがなく、教室のなかをぴょんぴょん飛びながら気の向くままに歩き回っていました。お母さんが、やあ君を呼ぶように「やあ君」と声をかけても見向きもしないし、もちろん返事もしません。

入学前にお母さんに会ったとき、

「うちの子は自閉症ですが、精神科でも原因がわからないようです。ことばが出ません。今はトイレに入って、トイレットペーパーをずるずる引き出すのが好きで、トイレットペーパーでうちは破産しそうです。今は手にとどかないところに置いてありますが、トイレに入って泣きわめいてパニック状態になるときがありますので、そんなときはセットして引き出させています。一人でまだできませんのでお世話をかけると思います。」

と話されました。そこで学校のトイレはペーパーを棚の上に置き、トイレに行くときはいつもついて行って介助するようにしました。

五月に家庭訪問をしたとき、自閉症の洋書などたくさん読んでいられることを知り、自閉症の指導についていろいろ教えていただきました。でも、ことばの指導については「どうしていいか分かりません。」ということでした。

学校で、私も言葉をどう育てるのか、何も指導計画を立てることができず、「親しくなろう。」「ミニカーやボールやつみ木などで遊びながら、そのやりもらいができるようにしよう。」「集団行動のなかで模倣することができるようにしよう。」などと考えながらすごしました。ことばを交わすことは、思考感情のやりもらいだから物のやりもらいはことばのやりもらいにつながるのではないだろうか、また、模倣力は発語のための基礎能力でもあると思うからです。

二十分休みが終わると、私はやあ君と手をつないで教室に帰ります。「くつは、ここに入れて。」「便所に行こう。」「教室に入ろう。」などと、ことばかけをしながら、いっしょに教室に入ると、まだ二人ほど校庭の砂場やすべり台で遊んでいて教室に帰ってきません。こんなとき、三人で窓から遊んでいる二人に

「おーい。おーい」

と呼びかけます。私はやあ君の両手を後からもって、口のほうにあげて、いっしょに「おーい。」といいました。

一カ月ほどしたら「おーい。」といっしょに声を出すとき、やあ君が口から息を出していることに気づき、これをつづけていけば「お」という声が出るなと思いました。そして、七月になって、「おー。」というやあ君のかすかな声を聞くことができました。私はやあ君の手をしっかりにぎって、だきあげ、だきしめました。そして、これから単語の発音指導ができると考え、指導計画を立てました。やはり、子音よりも母音の「あー」を何とかいえるようにしたい。そしてクレヨンの「あお」色で指導して「あお」と発音できるようにしたい。それから両唇音の「べ」がいえるようにしようなどと考えました。

「べ」という音節はやさしいのです。私が生まれ育った佐賀県では幼児に「べべ着なさい。」といって衣類をやっていました。また「べべ食べなさい。」という「べべ」は魚の総称でした。「べ」という音節は食べ物ではない物を口に入れたとき「ぺっ」「べー」などといって出させていました。私はやあ君とトイレに行くとき、おちんちんのところを指して、便所の意味をこめて、「べ。べ。べ。」といって連れて行きました。二学期の途中から休み時間になると私のところにきて、「べ。べ。」というようになりました。それから絵本のなかのバスを見せて「バ。バ。」という音節を耳に入れ、バスの絵を見たり、校外で本物のバスを見たりしたとき「バ。バ。」といえるようにしました。そして、お父さんのことを「パパ」といえるようにしました。

『ことばを生きる力に』(同成社刊)の巻頭につぎの口頭詩が出ています。「パ」という一音節がいえると、こんな表現もできるんだ！　と私は感動しました。それは、ある日先生と子どもが町を歩いているとき、こじまだいき君がたばこの自動販売機を見つけ、先生にパパがたばこを吸うまねをして見せてくれたときのことばです。

ぱー
ぱぱ
ぱー
ぱぱ

やあ君は一年の三学期にこんな言葉をいいました。

パパ　ブーブー　パパ　エーン　エーン
パパ　ハーイ　パパ　パン　ハム
（『詩集　いけがみ』一二三号）

遅々とした成長でしたが、学年がすすむごとに理解語彙も表現語彙も少しずつ増えていきました。
わたしが勤務していた池上小学校では三学期には毎年一冊、全校児童詩集を発行していて、今もつづけて出しています。やあ君の二年生の作品は「話しことば」としてこのように出ています。

パパ　パパ　パパ
ママ　ママ　ママ
あお
パン
ばーばー

べべべべ

「お」という音節の発声から、このような単語がいえるように育ちましたが、まだことばのやりもらいという会話ができることは遠い日のように思われました。しかし、一つの段階から最近接の段階を考え、日々の指導を大切にしたいと考えました。

四　発語・話しことばを育てる三つの方法

いくつかの音節、いくつかの単語が発音できるようになった自閉症児たちの言語行動にもいろいろな問題点があります。

「今日は朝なにを食べてきたの。」

と聞くと、

「一月号が発売になりました。」

などと答えたりします。

また、理解語彙も表現語彙もきわめて少ない子どもがいます。単語にも話しことばにも特別なアクセントがあって不自然な表現をする子どもがいます。単語の音の高低であるアクセントと、文の音調であるイントネーションが不自然であれば、話しことばは奇妙に感じられます。

また、給食にきらいなきゅうりが出ると、きゅうりに手をふって「さようなら。さようなら。」といったりする子どももいます。また、おうむ返しで答える子どももたくさんいます。この子どもたちの話しことばの指導はどうしたらいいでしょうか。これまで私は三つの方法を大切にしてきました。そして自分からまわりのものに話しかける力を伸ばしてきました。

1　常同語の共有

一つは、常同行動と常同語を共有し合う実践で、二つめは、要求を大切にしてことばを育てる実践で、三つめは、その子どもの独得なアクセントやイントネーションに合わせてすすめた実践です。三つめの方法は、紙上では私のことばかけのアクセントやイントネーションが表現できませんので残念です。

みいちゃんのお母さんは一年生に入学したあと、こんな話をされました。

「うちの子は、犬や猫よりも劣っているみたいです。いつも手をつないで学校にきていますが、ときどきふりきって道の反対側に走っていったりします。うちの犬は『お手。』というと、私の手に前足をのっけますが、うちの子はそんなこともできません。犬のほうがりこうだと思います。たいへんでしょうが何とかお願いいたします。」

やはり、ことばを聞く力がまったくないようで、指示に従って行動することはありません。私はどうしようかと思い悩みながら授業中は介添さんと粘土やつみ木で遊ばせて、休み時間になると、私は手をひいて校庭のうさぎ小屋に行って、いっしょに葉っぱをやって食べさせていました。このとき、うさぎ小屋につくまで何回も「うさぎ、いこうね。はっぱやろうね。」と話しかけていました。一カ月ほどすると、休み時間になると、みいちゃんから私のそばにきて手をにぎって「うさぎいこうね。はっぱやろうね。」と話しかけるようになりました。

同じことをくり返していると、そのことが身について、そうしなくてはいられないようになる、いわゆる常同行動が身についてこうしないではいられなくなります。これは自閉症児の一つのパターンだと思われます。三十歳くらいになっても、夕方になると夕刊サンケイを買いにいかないと落ちつかないで、とめるとパニック状態になるということなどもあります。自閉性障害の子どもは多かれ少なかれ常同行動性があります。

私はこのことをながい間こまったことだと思って、いい治療教育の方法はないものかと考えてきましたが、みいちゃんのうさぎにかかわる常同性のなかから、聞く力と話す力の芽ばえを感じ、いい発見をしたと喜ばないではいられませんでした。

ことばにまったく心をよせなかったみいちゃんが、このことで、私のことばを聞くことができ、自分の要求をはっきりという、ことばの力を身につける第一歩をふみ出したのです。

私は常同性を活用していろいろな言語活動ができる力を伸ばしたいと思いました。

2　要求をことばに

教室の子どもたちの様子を見ながら、一人ひとりの子どもたちの興味や関心を示すものを知り、また要求を知って、それを生かしてことばの指導に結びつけていく実践は多くの先生たちのなかですすめられています。私もこのことは、いつも大切にしてきました。

入学式の翌日、お母さんが、

「うちの子は自閉症です。お医者さんにそういわれました。自閉症になった原因はわかりませんが、多分鉗子分娩だったからではないかと思います。ここにこんなに傷のあとがついています。」

といって耳の上のやや前に両方とも茶色っぽい傷あとがあるのを見せてもらいました。一九六七年、私はこのゆう子ちゃんを担任しました。

机につくことはありませんでした。教室のなかをぴょんぴょん飛びながら歩き回るだけで、声をかけても私に顔を向けることはありません。五人の低学年の担任で、ゆう子ちゃんは教室からよく出ていくし、いっしょに学習ができないので、お母さんが一日中教室の後ろにきていられました。お母さんの姿が見えないと「ママちゃん。ママちゃん」といって少しさがすようにも見えますが、お母さんを強く求めるふうでもありません。しばらくすると「あの人。あの人」といったりもしました。「あの人」というのはお父さんのことで、お母さんの母であるおばあちゃんが家でお父さんのことをよく「あの人」というので、ゆう子ちゃんもお父さんのことを「あの人」というようになったのです。

ゆう子ちゃんは一週間に一回くらい、てんかんの大発作がありました。そんなときはお母さんがだっこしてタクシーで病院に連れていきます。

私はゆう子ちゃんの他の四人の授業に力を入れて、休み時間にはゆう子ちゃんと二人ですごしました。手をつないで「運動場にいこうね」といって外に出ます。校舎の出口に側溝があって、いつも水がちょろちょろと流れています。ゆう子ちゃんはその水をのぞくと、そこから動こうとせず、手を引っ張っても動きません。首を横にうなずくようにしながら、うれしそうな表情で水の流れを見つめています。私は「うさぎがいるよ」「お花があるよ」などと話しかけますが動きません。私はいっしょにどぶの水の流れを見ながら、「水、ちょろちょろだね」などと話しかけました。私のことばがゆう子ちゃんに通じるのはどんなときの、どんなことばだろうかと思いつづけませた。

晴れた日がつづき、水が流れない日がありました。手を引いてうさぎ小屋に行こうとしましたが「ママちゃん。ママちゃん」といいながら教室に入っていこうとします。「どこに行くの」……「ママちゃん。ママちゃん」。これは対話でしょうか。ゆう子ちゃんの独り言でしょうか。

私はゆう子ちゃんと手をつないで教室に行こうとしました。すると、ゆう子ちゃんは私とつないでいる手をふりきって、私の後ろに行きました。

「ゆう子ちゃん。ママのところに行こうね」

といって、私が歩き出すと、首をかしげて私の足下を見ながら教室までずっとついてきました。教室に入ると私は「レコードをかけようね」といってＬＰ盤の童謡をかけました。ゆう子ちゃんは私の足下を見た同じ姿で、首をかしげてレコードの回るのを見ていました。私はお母さんに「ゆう子ちゃんは少し動くのを見るのが好きですね」と話しかけました。お母さんは「そうなんです。駅のホームでも、人の靴のかかとが動くのを見るのが好きで、かかとを見ながらついて行くんです。変な子！　という顔で私が見られます」といわれました。「そのほかに、ゆう子ちゃんはどんなことが好きですか」と聞くと「たばこを吸っている方が好きなんです。よく、そばに寄っていきます。それから、タクシーのワイパーが動くのも。うちわを使ったりするとよく見ています。」などと話してくださいました。

この頃、私は障害児教育について、子どもが好きなことをさせて、それを教科教育に結びつけていこうと考えていました。そこで、ゆう子ちゃんという自閉症児の指導について「靴のかかと」と「たばこ」で実践しようと思いました。

レコードを止めて、私は上ばきのかかとがよく見えるように、ゆう子ちゃんの前を歩きました。ゆう子ちゃんは私の後ろにずっとついてきます。私はときどき立ち止まって、

「歩いて。歩いて。」「歩いて。歩いて。」

と独り言をいって歩き出します。一日に三十分ずつ、ゆう子ちゃんのために時間をとって、私はかかとを見せながら歩きました。すると、一週間後に、私が歩くのをやめると、ゆう子ちゃんは「歩いて。歩いて」というようになりました。私が他の子どもの文字指導をしているときも、そばにきて「歩いて。歩いて」といいにきます。あまりうるさくいうので受容してかなり歩きました。でも歩いてばかりはいられません。そこで「江口先生、歩いてください」と私がいって歩くようにして、ゆう子ちゃんにも、こう、おうむ返しでいわせ、私にお願いするように指導しました。

つぎは、たばこです。教室でたばこを吸いました（今では教室でたばこを吸ったりはしないでしょうが）。ゆう子ちゃんは、煙がゆらゆら上にのぼっていくのを、満足そうないい顔で見ています。灰皿に捨てると、ワイシャツのポケットからたばこを取って私の手にもたせて、また吸うように要求します。私はまた吸います。ゆう子ちゃんはじつにいい顔で煙を見つめます。私は「たばこ」といいながら吸います。やはり一週間ほどすると私の顔を見ると「たばこ」と催促するようになりました。これも大成功です。ゆう子ちゃんは一日中「たばこ」と私に要求するようになりました。そこで私は教室で一日四十本ほど吸うようになりました。私がゆう子ちゃんのためにできることはたばこを吸うことだと思って吸いつづけました。お母さんが毎朝私にマイルドセブンを三箱買ってきてくださいます。大きな灰皿も買ってきてくださいました。私はしだいに国語教育に結びつけて、

「たばこすってください」

「江口先生、たばこすってください」

「江口先生、たばこの煙を見せてください」

などと、高度なおうむ返しをするようにして、自分の要求から私に話しかけるようにしました。

ゆう子ちゃんは、こうして、いろいろと話すようになりました。

3 アクセント・イントネーションを生かす

入学式後、お母さんといっしょに登校してくる子どもたちは教室であいさつをすると思い思いにしたいことをします。すぐトランポリンのところへ行く子、テレビをつける子、水あそびをする子、私はしばらく一人ひとりに声をかけながらかかわります。

なおちゃんは一年生のとき、何をどう話しかけても、いつも「新発売。新登場。」と答えていました。ときどき「ドラえもん」と答えることもありました。三つともテレビのことばです。わたしはなおちゃんにテレビのことばではなく、学校生活の常同語を育てたいと思いました。

なおちゃんは学校にきても教室に入らず、いつもプレー室にあるトランポリンでぴょんぴょん飛んで喜んでいました。手をひいて教室に連れてきても、すぐプレー室に行きます。私はトランポリンを横に立てて、乗れないようにしました。すると、怒って泣きわめきました。私はトランポリンに乗せないと学校がきらいになると思って、また飛ばせるようにしました。私は「毎日トランポリンばっかり乗っていてはだめでしょう。教室で勉強しようよ。」と話しかけますが、まったく聞き入れません。話しかけていることばのイントネーションに問題があるのではないかと感じてCM調で、独得の語調で、

「トランポリンぴょんぴょん、だめよ。教室に入りましょう。国語の本を出しましょう。」

となおちゃんのそばに行って、一日何回も耳に入れました。十日ほどすると、なおちゃんは私の語調をまねて、

私の顔を見ると、こういうようになりました。この常同語が生まれたのです。しかし、行動がともないません。私はなおちゃんに一時間くらいトランポリンをやらせて、降りてひと休みするころ、だっこして教室に入れるようにしました。しばらくすると、一時間くらいトランポリンを飛んだころ私がプレー室に行くと、だっこされにくるようになりました。

こうして、だっこしたまま机について国語の本を出し、私はＣＭ調で、

おかの　うえ。

しろい　くも。

また、あした。

（『こくご一ねん上』日本書籍）

と読んできかせました。なおちゃんは「また　あした」のところをすぐにおぼえて、私と同じ語調でいうようになりました。やがて、三行ともいえるようになりました。

こうして二カ月ほどしたら、トランポリンを一時間くらい一人で飛んだら教室に入ってきて、

「トランポリンぴょんぴょん、だめよ。教室に入りましょう。国語の本を出しましょう。」

といって国語の本を出し、一人で、

おかの　うえ。

しろい　くも。

また　あした。

と朗読するようになりました。

二週間ほどして、父母会がありました。お母さんが私を見るとすぐ、

「先生、直樹、このごろいい子になったのよ。学校からうちに帰ってきたら『トランポリンぴょんぴょん、だめよ。教室に入りましょう。国語の本を出しましょう。』といいながら、一人で国語の本を出して『おかの　うえ。しろい　くも。また　あした。』って読んでるんですよ。えらくなったでしょう。ほめてやってよ。」

といわれました。

こうして、国語の学習がすすめていけるようになりました。ひらがなや漢字も書けるようになり、作文も書けるようになりました。

五　読む力

もちろん自閉的で重い知的障害児でことばのない子ども、話しことばが未発達の子どもには、物語を読む力はのぞめませんが、話す力があっても文字や文の読みになじめない子どももがいます。

ひらがな・かたかな・漢字がかなり読める子どもも「りんご」という文字カードと、りんごの絵のマッチングができない子どももいます。また、文が声に出して読めても内容を理解してその内容についての簡単な質問に答えられない子どももがいます。

「何がどうした。」「何がどんなだ」「何がなんだ」という、動詞述語文、形容詞述語文、名詞述語文の主語と述語が理解しにくい子どもがいます。「○○が○○に○○した」というような助詞のはたらきが読みとれない子どももいるし、「○○だから○○だ。」「○○だけど○○だ。」という順態と逆態の接続関係の理解が不十分な子ども

もたくさんいます。

また、物語のあらすじを追うことや、登場人物の気持ちをとらえることが困難な子どもがかなりいることは多くの方が経験されていることと思います。さらに、ある本や物語に異常なほど執着して、かじったり食べたりする子どももいます。

絵本の読みきかせに関心をよせないのは、一つひとつの単語の意味がわからないために、物語の流れがとらえられないからだと思われます。物語を読んでやっても「びんぼう」を「ピンポン」、「大みそか」を「みそしる」、「村のはずれ」を「アイスがはずれ」と聞きとると文意が理解できません。接続詞が理解できないと物語の展開がわからなくなります。

読む力を伸ばす入門期は絵本より紙芝居がいいようです。これも裏の文を読んだり、CDで聞かせたりするよりも、絵を見せて話し合いながらすすめたほうがいいようです。

また、数ページの物語よりも一ページ五行くらいの詩的表現の読みから始めたほうがいいようです。「こくご1」の六九ページにある「かたたき」という教材の授業を『「こくご」学習指導の展開』（同成社）の九一ページに福永先生のみごとな実践例があります。これは障害児学級の物語文のすぐれた入門指導です。そして、つぎの「とらの　こどもたち」という物語文の実践記録もぜひお読みいただきたいと思います。

私もこのような実践をつづけながら図書室に連れていって自由に読ませたり、教室に三〇ページほどの楽しい低学年の物語『あおぞらぶんこ』（日本標準社発行）をたくさんおいて自由に読ませたりしました。

作文の指導もしていましたので、本を読んだことについてもかなり書きました。自閉症の子どもなので文の展開もしっかりしてはいませんが読んでいる気持ちはよく表れています。このときの様子を私は文集を出すとき、子どもの文のそばにこう書いています。

「晋ちゃん、本の感想文を書こうね。かさこじぞう？　花のすきな牛？　おにたのぼうし？　どれ書くの。」「かさこじぞう書くの。」「そう。じゃ書こうね。」本をわたすと、写しはじめました。わたしが「びんぼうってどんなこと。」ときくと、晋ちゃんはだまっていました。暁子ちゃんが「お金がないこと。」と答えました。晋ちゃんは、それをきいてこう書きました。おかしい文です。でも、あとは自由に書かせました。「花のすきな牛」のことになり「おねえさんはしゃしょうさん」（長崎源之助）のことになり、どうも、ととのいませんでした。でも、一文一文の間に説明を入れて書くとりっぱな感想文になります。そう書けるようになってほしいと思います。――えぐち――

かさこじぞう

松浦晋平

じいさまとばあさまがありました。たいそうびんぼうで、その日その日をやっとくらしておりました。あきこちゃんがお金をありました。かさをつくりました。うりに行きました。かさをうれないおじぞうさまにやりました。ありがとうございました。米もちにんじんごぼうだいこんをじょうずにいいました。どうもありがとうございました。けんかしない。花のすきな牛はしにました。しにません。おねえさんはしゃしょうさんよみました。かんこうバスにのります。ゆきおくんをみながら、きょうは、ほんとうにありがとう。おわり。

自閉症児の文学作品の読み指導はどうすすめたらいいのか、今後の大きな研究課題だと思います。指導のしかたによっては、この子どもたちの情緒面と知的な面の成長によい効果があるのではないかと、これからの実践と研究に大きな期待をよせないではいられません。

文学作品の読みは作品の内容の客観的理解から個性的な感想をもつことで楽しさを感じさせ、さらに朗読・群読などの指導もして読書力を高めていくようにしたいものです。この指導は実践事例を豊富にもちよって問題点を解明していかねばならない困難な課題です。

また、このことと重ねて図書室での自由読書をすすめ、卒業したら地域の図書館を利用していくことができるように育てたいと私は願っています。

六　文・文章を書く力

一般的に、文字を書く力を身につけた子どもは、話す力があれば話すように書くという方法で日記や作文が書けますが、自閉傾向の子どもにはそういう発達を見せてくれない子どもがいます。

かたかなが好きで、ひらがなを書きたがらない子ども、漢字が好きで日記帳にも駅名ばかり書く子ども、それも金釘流のがくがくした文字でしなやかに書かないようです。「三」という字の筆順を正しく教えても下から上に書く子どももいます。

文はセンテンスが短く、助詞や助動詞のまちがいが多いようです。「きのうの遠足のことを書こう」といってもコマーシャルを書き連ねる子どもがいます。また感覚や感情や情緒を書くことが不得手です。このように、文章を書く力についてはいくつも乗りこえさせなければならない山があります。

たかちゃんは自由に書かせるとほとんどコマーシャルばかり書いていました。

ライダートクホン。サザエさんちのおちゃづけオフサイドしんはつばいメローイエロしんはつばい。おいしいじゃい。Gメン75サッポロビールいっきにのめるしんかつけいゼロセン21がた32がた52がた

「運動会のことを書きなさい。」と強くいっても、つぎつぎにコマーシャルを書きつづけていきます。「いいかげんに、しなさい。」と叱ると放送室に行って民放のスイッチを入れます。そして、教育テレビを見ている教室の先生から叱られます。

六年生の三学期、たかちゃんに生活目標を立てさせました。「職員室にいかない。作文にコマーシャルを書かない。パンチしない。」などよくいいきかせました。そして「三がっき」という題で作文を書かせました。

このとき書いた作文は『ことばを生きる力に』（同成社）の二七ページに、安部君の実筆でのせてあります。それをここに転載します。

　三がつき　　　　あべたかゆき

しよくいんしつに
いきません。
コマーシャルいけません。
ぼくはおかあさんとおと
うさんとかるたとりしま
した。

くもりのちときどきはれ
でほくぶやまぞいでは1
じあめでしょう。
UCCコーヒーギフトセッ
ト。ぞうぜいぎようかく
ごめんだね。

安部君によく話して「さあ、しっかり書いてね。」といって、書き始めるのを見ていました。三行書いたのを見て、また正月のかるたとりのことを書いたところで「たかちゃん、えらい。何枚とったか書いて。」といって他の子どものところへ行きました。五分ほど机間巡視してまた安部君のところに行くとテレビの天気予報のことばを書いてコマーシャルを書いていました。

「またコマーシャルを書いて!」

と大声で注意すると、安部君は「やったね。」といって、ちょっと笑って教室を出ていきました。私は「放送室、いっちゃだめ。」といって追いかけました。

三学期の最後の国語の授業(作文)は三月二十二日でした。たかちゃんは登校するとすぐに私のそばにきて「お寺に行きました。」といって作文帳をとりにいきました。そして、すぐに書き始めました。

あべたかゆき
おてらさんにいきました。おせんこうをつけました。おかしをもらいました。おはなをもらいました。おとうさんとおかあさんとみわことぼくとおじいさんといきました。てをだしました。あたまをさげました。マクドナルドをいきました。ハンバーガーとポテトとコーラをかいました。

たかちゃんは最後に自分からまったくコマーシャルの入っていない作文を書いて卒業していきました。私への思いやりをこめて書いてくれた作文のように思われました。

自閉症児の個性はじつに多様で作文の指導にも一定の方法はないようです。一人ひとりに適切に対応していかねばなりません。そのよい方法を私たちは考えなければなりません。本書によせてくださった実践記録はさまざまですが、どれもそれぞれの学級の子どもに応じたよい方法がとられています。

（この章の担当：江口季好）

第3章

国語（ことば）教育の実践

一 指示がわかるように

自閉傾向の児童には、さまざまな苦手な分野があります。ことばだけでは、指示された内容を理解しにくい児童は指導する側が考えているよりずっと多いように思います。そこで、手がかりとして絵カードなどが使われることが多いのですが、もり君はそれが手がかりになりにくい子どもでした。発語がないので、わからないことが多いと思われがちですが、日常行動を見ていると、大好きなプールに行く曜日には自分からプールバッグを用意するなど、理解する力はかなりあると思われました。しかし毎日の時間割をイラストで示しても、どうもそれを手がかりにしている様子はありません。見とおしのもてない毎日を過ごしているようでした。

もり君がもっとも苦手なのは、行事への取り組みでした。行事があると毎日の取り組みが日常と変わってきてしまいます。その意味がわからないもり君にとってはそれだけで十分不安になってしまうのです。移動教室や運動会など、毎年イラストなどを使って説明するのですが今一つ納得できないようで、イライラがつのる毎日となってしまうのでした。

六年生の移動教室のとき、もう最後なのでもっていく荷物を自分でそろえられるようになってほしいと思い、個別に指導することにしました。それまではイラストを使ってみんなといっしょに勉強していたのですが、自分の荷物の写真を使ってみました。すると、なんと一つひとつ確かめながら自分の荷物をそろえ始めるではありませんか。彼にとって自分のシャツでない物を示してシャツをもってくるようにいわれても納得できなかったにちがいありません。ハイキングの支度ではナップサックや帽子、シャツ、ズボンなども、その格好をして撮った写真を見ながら同じように着たりしょったりかぶったりするのです。驚きました。自分からいそいそと準備を始めるもり君には、自分なりの見とおしと自信が見られました。その年の移動教室は、つぎに何の用意をするかがわかり、何があるのか見とおしがもてて不安が減ったせいか、今までになく落ち着いて過ごせました。

移動教室の後、本校では運動会があります。六年生のメイン種目は組体操。もり君は五年生でも取り組んだのですが、そのときは指示がわからずとても大変でした。たしかに、いきなり四つばいさせられたり上に乗られたりするのですから、状況がわからなければ不安になって当然です。この指導にも写真を使ってみました。先生が下になってもり君をもち上げたり隣に並んで逆立ちしたり、一つひとつの技を写真に撮りました。運動会のときはその写真を順番にグラウンドに並べ「次はこれ」と指していくだけでいろいろな姿勢をとることができました。それだけでなく、具体的に何を練習しているかがわかったせいか、この年の運動会の練習はイライラが非常に少なくてすんだのです。イラストも写真も、私たちにとっては同じような手がかりなのですが、もり君と付き合ってみて子どもによって手がかりになる物がさまざまなのだということをあらためて気づいたのでした。

自閉傾向の児童を指導するときは、ことばだけでなく手がかりを添えることが大切ですが、その手がかりにも児童によってわかりやすいものが異なります。指導する側が、頭を柔らかくしていろいろな手がかりを考え、どれがその児童に一番わかるかを知っていく努力を惜しまないことが、大切だと思います。

学校生活では毎月一回、避難訓練があります。障害児学級でも一般的には「今日は避難訓練があるよ。ウーッとサイレンがなるよ。そしたら、上靴のままでこのドアから外に出るの。」ということをわかりやすく説明して、そのとき指示すればいいのですが、自閉症児はそう簡単に理解して指示に従ってくれません。サイレンに驚くばかりでなく、外靴にはきかえて外に出る習慣が身についていると、このことだけでも強くこだわります。歯科検診のときなど、大あばれして口を開かないこともあります。こういう行事などかなり前からその子どもにあった方法で予知させ、心の準備をさせて当日を迎えるようにする必要があります。そして指示がわかって学校生活に順応するように配慮して指導することは、ことばがわかり、指示がわかるようになった段階でも必要なことだと思われます。

（この項の担当：小池えり子）

二　手遊び歌

かこさんは入学時ちょっと変わった少女でした。視線はほとんど合わず、手をつなごうとするとそれを振りほどいてパッと走り去ってしまうのです。ドアがしまっていれば、窓から、窓がしまっていれば天窓までするするとよじ登ってそこから出ていってしまうので、「忍者かこ」と呼んでいました。発語はほとんどありません。視線もまったくあいません。顔は自傷が激しいのか傷だらけです。取りつくしまがありません。

まずはいっしょに走ることから始めました。「かこ」と声をかけ、並んでひたすら走ります。かこさんはパッと走り出し、急に止まります。じっと上のほうを見つめ、手をかざしていたかと思うとつぎの瞬間また、パッと走り出すのです。いっしょに走って一カ月。走るときちょっと止まってこちらが走るのを確かめるようになりました。走り出してもこちらが走らないと、ちょっと待つようなしぐさも見られます。かこさんのなかに私の存在が少しずつ入ってきていることが感じられました。

五月の後半、そんなかこさんの肩に手をかけ「だっこしてー、だっこしてー、かこさんのことぎゅっ！」と歌いながらちょっとだけ抱きしめてみました。思いがけず逃げ出さないかこさんに、もう一度歌いながらぎゅっとやってみました。いやがる様子は見られません。それからはときどき様子を見ては歌いながらギュッ！を繰り返しました。あるとき歌い終わってちょっと間があいてしまったら、かこさんの手が私の手をとって『ぎゅっ』をやってほしいと合図するのです。「そうか、やってほしかったんだ」私は嬉しくなりました。さらに一学期の最後の頃になると「ギュ」とことばで要求してくるようになりました。そのうち、ギュだけではこちらが飽きてしまい、コチョコチョも入れてみました。これもかこさんは気に入ったようです。そして『かこさんのこと』(1)で止めてどっちがよいか選んでもらうようにもしました。かこさんとのかかわりを考えると、この『抱っこしてギュッ』がとても大きかったなあと思い出されます。

この遊び歌は、この後も自閉傾向の児童とかかわりをもつ第一歩として、とても有効でした。ひろさんも、この歌からかかわりを広げていきました。彼女は発作が多く、入学時にはまだ本当に抱っこの多い状態でした。発作のせいかいらつくことの多いひろさんは、発語よりも「キー!」という奇声や手の甲を思い切り嚙むことで意思表示しているのでした。そのひろさんを抱いてゆっくりゆすりながら『抱っこしてー』と歌い始めるとよい表情になります。かこさんのときと同じように、ギュやコチョコチョを言葉で要求するのに、一年もかかりませんでした。この後も、『ふうせん』(2)や『フランスパン』など、くすぐりっこや抱っこを入れた手遊びをたくさん楽しみながら、かかわりを広げることができてきました。

障害児教育実践のなかで、とくにことばのない子どもたちの指導に音楽がひろくとり入れられるようになってきていると思います。音のリズムが身体に快く楽しく働きかける力があり、同時にその刺激を共有し合うことで人間関係とコミュニケーションを生み出すことになるからです。そのなかにことばを入れていくことは、ことばを育てる有効な働きかけだと思います。とくに、レット症候群の子どもは音楽が好きなので「手遊び歌」は十分生かしたいと思います。

(1)『帰って来たわらべうた』福尾野歩・中川ひろたか　ひとなる書房
(2)『かえるのロボット』湯浅とんぼ・中川ひろたか　草楽社

(この項の担当:小池えり子)

三　身体表現

じょう君（四年生）は、ブランコ、トランポリンでの遊び、また、砂を指の間からサラサラと流しているとき、とても幸せそうです。

友だちが怒った声を出したり、教師が、子どもをしかっている声を出すと、片手を前にだして、（止《や》めろ）の動作をしたり、泣きだしたりします。

朝、顔をあわせたときに、「オッハー！」というと、目が合ったときなどは、「オハー」と返事をしてくれることもあります。

教室で飼っているおたまじゃくしを、手の平にのっけてあげると、はじめふしぎそうに見ていましたが、もう片方の手の人指しゆびで、ぷちんと、つぶしてしまい、とたんに、まわりにいる私たちが「あー…」と声をあげたのを見て、その状況に、じょう君は、びっくりして、泣きだしたこともありました。

じょう君の指導のねらいとして、①好きな遊びをたっぷりして、楽しい、という感情を表すことができるようになる。②他の人に期待する。（トランポリンや、ブランコをゆらしてもらう。）③他の人に要求を出す。いやなときは、やめてほしい、と意志表示をする。この三つを考えました。

六月の梅雨のある日、教室では、油壺宿泊学習についての、日程の確認や、係についての話し合いがなされていました。十五分もたった頃、じょう君が突然、火がついたように泣きだしました。しばらく様子を見ていましたが、泣きやみそうもありません。外は、雨が、相当降っていて、大好きなブランコに乗ることもできません。

とりあえず、二階のプレールームにあるトランポリンに乗せようか、と思っていると、さっさと廊下を職員室のほうへと、足早に歩きだしました。ついていくと、長い一〇〇メートルほどの廊下をずっと、歩いていきます。廊下のつきあたりの保健室へ。「入る？」と、声をかけると、すっとなかに入り、長椅子にすわりました。保健室は冷房がきいていました。そのうち、発熱の子どもたちがきたので、室外へでました。どこへ行こうかと、考えながら、足はとなりの会議室へ。窓から校庭のブランコが見えます。「じょう君、雨が降ってるよ。ブランコにのれないねー。」と、ブランコを指しながら、×印に、両うでを交差して見せ、空を見ながら、「雨が降っているよー。」と話しました。じょう君は、私の顔と、空と、ブランコのほうを見てから右手の人指しゆびで、ブランコの方角を指さしました。そして、「バー」といいました。じょう君と目があって、とてもおだやかな視線だったので、ほっとしました。そのあと、体育館をのぞきに行きましたが、なかに入ることはいやがったので、冷房のきいた職員室内を横切り、わかば学級の職員室に行き、麦茶をすすめましたが、手で押し返してきました。学級の職員室も冷房がきいています。じょう君は、教室のむし暑さがいやだったのです。じょう君が、物を指すのをはじめて見て、じょう君との、ゆったりとした時間のなかでの、ことばのやりとりが意思の伝達を可能にすることを知りました。

国語の学習は、四人の児童と、私と、介助員一名で、行っています。本や紙芝居の読み聞かせ、なぞなぞ遊び、ひらがなの習得等を、一学期に行いました。ひらがな、「す」の学習の終了時、すいかの絵を黒板に描き、「す」と、黒板に書くとき、じょう君は、すっと席を立ち、すいかの絵の下に、「す」を、さらりと書きあげました。絵を見て、チョークを示されて、何をするかを、とっさに理解したようです。じょう君は、友だちが、怒って、声をあげただけでも、泣きだして、いやがります。とても敏感なところがあります。

トランポリンの上にのり、じょう君がとびはねるとき、私は寝ころんで、じょう君の動きに身をまかせます。私がとびはねるとき、じょう君が今度は、ゆったりと上半身をゆらしています。そういう動きを何度かくりかえして遊びました。こういう遊びのやりとりができているので、ブランコでの交替する押しっこもできるのではないかと、期待しています。楽しいことのやりもらいのなかで、人に期待する気持ちが育ってほしいと思います。

じょう君は、「おはよう」と声を返すことも、たまに見られるので、楽しいこと（ブランコ、トランポリン、砂さらさら遊び、水遊び）をたくさん経験していくなかで、発声が増えていくのではないか、と期待しています。

じょう君は、「す」を、さらりと書くことにも見られるように、点線のなぞりなど、筆圧も強く、「む」、「す」「じょう」など、自分の名前の一部を一筆で書くことがあります。やってほしいこと、手に入れたいほしいものなど、記号や、絵、形、文字などで、人に示すようになってくれれば、うれしいと思います。

また、音声言語は現在「オハー」という、あいさつ語だけですが、二音節のことばが発音できるということは、これからたくさんの単語を発音できる可能性を示していますので、「おうむ返し」的にでもいいから音声言語の表出力を伸ばしたいと思っています。それは身体表現の喜びや、さまざまなやりもらいの楽しさから出てくるように思われます。

（この項の担当：野口由紀）

四　要求の理解

哲ちゃんは、一年生の男の子です。丸坊主をした、大きな目玉がとても可愛い子どもです。哲ちゃんには、奇声をあげるのみで言葉がありません。また、こちらのいうこともほとんど理解することができませんでした。基本的な習慣の排泄では、小便のほうは時間で誘導すれば自分一人で用をたすことができましたが、大便のほうは、後始末がまだできませんでした。着脱は、声をかけ、少しの援助をすればほぼ、独力でできました。食事は、多少の好き嫌いはあるものの一応、自立していました。人間関係では、人とのかかわりがほとんどなく、教師や大人が手をつなごうとするとその求めには応じられましたが、友だち同士の働きかけには抵抗して、どうしても手をつなごうとはしませんでした。

哲ちゃんは機嫌のよいときには、両足を少し開いて身体を左右に大きく、しかもリズミカルに動かす常同運動をしながら声を出すのが好きでした。うれしいときやすこぶる快適な状態の場合、哲ちゃんはいつもそうした運動をしながらその気持ちを声に出して喜んでいました。しかし不快な場合、たとえば欲求不満や見とおしがもてず不安なときに、泣きながら手のこぶしで自分の顔や頭をよく叩いたものでした。また、激しいときには部屋の柱や壁に頭突きをしました。このような不快な感情をなだめ、落ち着かせるには哲ちゃんを膝の上で抱くかあるいは背中におんぶして身体をゆすってあげなければなりませんでした。

なぜならば、哲ちゃんは大人や教師の膝の上で抱かれたり背負われたり、また肩車をされることをとても好んでいたからです。そのようにされると、いつも声を出して喜びを表していました。事実、どんなにパニックを起こしていても抱っこかおんぶか肩車をしてあげると、哲ちゃんの気分は落ち着き、安定するのでした。

哲ちゃんは、玩具や遊具類を使って自分から遊ぶことはまったくありませんでした。その上、教師がそれらの玩具や遊具などを使って働きかけても関心を示さず、物を媒介にして「物のやりもらい」などの三項関係が二人の間には成立しませんでした。ですから遊びの対象は、もっぱら身体を左右に動かしながら自己を刺激する常同運動か、大人や教師と肌を接触しながらおんぶや肩車をしてもらうことに喜びを覚えることの二つに限られていました。

哲ちゃんには、ことばがありません。そのため、自分の要求をクレーン操作で示します。一歳前のまだことばの話せない乳児でも、たとえば自分の手の届かないところの物を取ってほしい場合、指さしをしながら「あっ、あっ」といって訴えるのですが、哲ちゃんにはその指さしも見られません。そのため、自分の要求をかなえてくれそうな相手の手首をつかんでその場所まで連れて行く、まさに工事現場にあるクレーンのような働きをさせて訴えるのです。しかしそのとき、手に入れたい物や要求を依頼している人の目を決して見ないため、この周辺に存在する物を要求していることは分かってもそれが何なのかは分かりかねることがしばしばあります。したがって、「あれがほしいのです」と要求している具体的な対象物を本人と相手の二人の間でなかなか共有できず、本人はもとより私たち教師も要求を叶えてあげられないもどかしさのため、不満がつのるばかりでした。

また哲ちゃんは、自閉症児の多くがそうであるように、身振りで要求を訴えることもできません。まだ「だっこ」や「おんぶ」の要求がいい表わせない乳幼児でも、そういうことをしてもらいたいときに、彼らは自分の両腕を上に伸ばして訴えます。しかも「だっこ」なら相手の前に、「おんぶ」なら背後に行き要求の内容のちがいをはっきり区分けして訴えます。残念ながら、哲ちゃんにはこのような要求の仕方がありませんでした。このため、おんぶや肩車などの要求を本人と教師の二人の間で共有できず、欲求不満から哲ちゃんは怒って泣くことがしばしばありました。

そのうち、分かるようになったことがあります。哲ちゃんが自ら教師の手を取って離さないことがありました。この子たちはポーカーフェイスのため、眼差しや顔の表情から要求内容を正確に読み取ることができません。でも、いつまでも教師と手をつないでそばに立っているのです。何かを訴えているようにも思えるのですが、それが何なのかが分かりません。かつて、言語学者の田口恒夫氏は私たち教師に「ことばのない子の訴えを表情、身体全体の表現、行動面から推測する力をもて」といわれたことがあります。本当に小さな変化や動きを斟酌して、試みに教師が哲ちゃんをおんぶしてみました。声をあげて喜ぶではありませんか。これでようやく、おんぶや肩車の要求を表す一つのチャンネルが二人の間に開設された思いがしました。

しかし、ただ手をつないだだけでおんぶや肩車の要求と結びつけるのは、かならずしも正確ではないし、また要求の出し方が単純でしかも稚拙過ぎます。手をつなぐ行為は、このほかにトイレや戸外に行きたい要求であるかも知れません。たとえ身振りや指さしでこの要求表現がなくてもおんぶや肩車の要求を表すサインとして、「〜して〜する」「〜すれば〜になる」という関係が確立されれば二人にとって好都合だと思いました。そこで哲ちゃんが、「おんぶのときは〜へ」また「肩車のときは〜へ」と教師を連れて行ってくれれば、要求の目的がより具体的になると考えました。そうすれば、このクレーン操作も大いに活用できるのではないかと思いました。

この他にも理由があります。これまで教師は、床に片膝をついて哲ちゃんをおんぶするかあるいは床にあぐらをかいて肩車をさせ、その姿勢で立ち上がっていました。哲ちゃんは一年生の男の子でも大柄のため、一日に何回となく要求に応じるとかなりの労働になりました。そこで教師にとっても過重な労働を削減するために、もう少し無理のない姿勢でおんぶや肩車をすることが必要でした。

以上二つのことから、おんぶのときには児童用の椅子の上にあがらせてそこから背負い、また肩車のときには児童用のロッカー（教師用の机ぐらいの高さ）の上から肩に乗せることにしました。哲ちゃんが手をつないでくると、教師は「おんぶ、おんぶ」といいながら身振りでおんぶをする格好を示し、今度は椅子のところに連れて行き「いす、いす」と指をその椅子に触れながらいうことを繰り返しました。そして哲ちゃんを椅子の上に乗せ、そこからおんぶをしました。その際、教師は哲ちゃんの顔を注視して伝える情報を「おんぶ」と「椅子」の単語を二つだけに絞りました。また、肩車の場合には「かたぐるま、かたぐるま」と繰り返しながら肩車をしているポーズを見せて、ロッカーのところへ連れて行き、指をロッカーに当てつつ「ロッカー、ロッカー」とことばで繰り返しました。そして、そのロッカーの上から哲ちゃんを肩に乗せ、肩車をしました。このようにして日に何回となく、休み時間などにこのおんぶや肩車を繰り返しながらことばの指導をつづけました。

この取り組みで心掛けたことは、(一)できるだけ不要な刺激や雑音を避け、ことばかけは単語でおんぶと椅子、肩車とロッカーの二つに限定し焦点化する、(二)おんぶや肩車を言い表すときは、動作をともないつつ少し間のびするようなテンポでしかも抑揚をつける、(三)椅子やロッカーを示す場合も、遠くから指さしをするのではなく、指を実物に直接当てことばと照応させながらリズミカルにトーン、トーンと叩いて示すことです。以上のようにことばと動作、ことばと事物の結びつきを密接にし、聴覚刺激からばかりでなく視覚刺激も総動員させて情報を伝えることを大切にしました。

このような「～して～する」とか「～すれば～になる」という取り決めをして実践を繰り返しました。しかし哲ちゃんにはまだ、反射的で機械的なところが多く見られ、「おんぶと椅子」や「肩車とロッカー」との関係認識が確立されていませんでした。そのため、「おんぶは椅子の上からだから椅子のところに行く」という目的や見とおしをもった行動ができず、たまたま椅子の近くにいると椅子の上に乗り、肩車を要求することもありました。このような場合、「ダメ、ダメ。ロッカー、ロッカー」と勘ちがいに気づかせ、ロッカーまで導いてからあらためて、「かたぐるま、かたぐるま」、「ロッカー、ロッカー」とことばや行動で表現し直しました。

なぜならば、「〜して〜する」や「〜すれば〜になる」の関係が理解されるようになるには、その裏腹の関係にある「〜でなくて〜だ」と自分の行動を否定し別の方向性を見い出す力が育たなくてはなりません。その上、「〜だから〜する」という物事を見とおす力も獲得されなければなりません。そういう思いから以上のような指導をつづけてきました。

こうした取り組みを一年近く実践することにより、哲ちゃんはようやくほぼ正確に自分の要求を表現することができるようになりました。この実践を通じて少しは分かるようになったことは、つぎのとおりです。(一)人とのかかわりが薄く、対人関係が困難な子どもたちには、指導する人ならだれでもいいのではなくある特定のキー・パーソンが必要である、(二)当面、教える内容はあれもこれもと盛り沢山ではなく、メニューはできるだけ少ないほうがよい、(三)情報入力が困難で見とおしがもてない子どもたちのために、この道をまっすぐにすすめば自分の目的がかならずえられることを分からせる手立てが必要不可欠であり、それには単純化が必要である、(四)ことばと動作、ことばと道具（事物）との結びつきを一体化させ、動作的見とおしや道具的見とおしをもたせるようにすることです。

発生言語のない子どもたちのことばの指導にはさまざまな取り組みが必要でしょうが、障害やその程度に即して、また生活場面に即して指導することの大切さをこの実践からあらためて認識させられました。話しことばは、相手と感情や思想のやりもらいをすることです。つまり会話が成立してこそ意味があります。ですからことばのない子どもに言語指導をする場合、遊びなどを通じて「物のやりもらい」ができるようにすることが大切だといわれています。哲ちゃんはまだ、外界に働きかけ物を媒介にして人と関係を結ぶことはできませんでした。自己を対象にして自己を刺激する、常同的な身体活動しか見られませんでした。

しかしそれでも、哲ちゃんは信頼できる教師と肌を接したおんぶや肩車が好きなため、自分の要求を実現するには椅子やロッカーを媒介して目的を達成しなければなりませんでした。当初、この目的手段の関係が曖昧模糊の状態でしたが、先に述べたような指導の取り組み過程をへて、ようやく哲ちゃんは目的を手に入れることの筋道が分かり、教師との間で椅子とおんぶ、肩車とロッカーとのやりもらいができるようになりました。

昔から教育の要諦は一つに反復練習にあるといわれますが、教える内容を機械的に数多く反復練習さえすればその結果、それが身につくわけでもありません。この実践から導かれたことは、知的に重度の遅れがあり、しかも人とのかかわりが薄く意欲にもかける自閉症の場合、教師たちは指導方法に最大の工夫と手立てを講じなければならないということです。つまり、子どもたちが教わる内容を見たり聞いたりした場合、「ああ、これなら分かる」「ああ、これならできる」のように容易に分かりかつ容易にできるようにすることだと思います。したがってそこからいえることとは、①教える内容が子どもの興味・関心の度合いが高く強いこと、②その内容を手に入れる必要性や必然性も高いこと、③指導過程に易から難へ、単純から複雑へなどの順序性があることなどです。

発生言語の指導だけがことばの指導ではなく、哲ちゃんのようなレベルの子どもには、聞く力を伸ばしながらそれを要求行動に結びつけて行けるようにすることも、ことばの指導の大切な一要素ではないでしょうか。

（この項の担当：浦上雄次）

五　おうむ返しから対話へ　㈠

おうむ返しが出始めると、ことばの世界が一歩近づいたと嬉しくなります。自分がことばの通じない世界にいったとき、まずすることがおうむ返しだろうと思うからです。そうでなくても「まんまよ。」「まんま。」「おいしいね！」「おいしい。」小さい子どもにことばかけをすると、こんなふうにおうむ返しが多くなります。こうして子どもたちはことばを獲得していくのだと思います。

ところが自閉傾向があると、このおうむ返しからなかなかつぎの段階にすすまず、指導がむずかしいと感じることがあります。ゆりさんは活発で、絵本を見るのも好きだし、内言語はありそうなのに出ることばはおうむ返しばかり。「お名前は？」と聞いても、「おなまえは」と返されてしまい、会話になりません。これがつづくと話をしている気にはならなくなります。お母さんは「おうむ返しばかりなので人前では話し掛けないようにしています。」などと悲しいことをいっていました。おうむ返しだって立派なことばだ、と思うことが大切です。その上で、つぎのように考えたらどうでしょうか。自閉傾向の児童は、相手を認識するのが苦手なので、ことばかけにどう返すかを学習してこなかった、と。まずはこの、会話の方法を教えることが必要なのではないかと思います。

学級の朝の会では毎日暦の勉強をします。それまでは日直の児童がその日の日付や天気をみんなに伝えていたのですが、ゆりさんが学級に慣れ、朝の会に無理なく参加できるようになった二学期からやり方を変えてみました。先生が一人ずつ順に聞いていくのです。「何月ですか？」ゆりさんに先立って高学年のお兄さん、お姉さんに聞きます。こんなの簡単と張り切って答えてくれます。それからゆりさん。最初のうちはもちろんおうむ返しに「何月ですか」と答えていました。お兄さんたちは、ゆりさんのお手本とわかっていますから、毎日張り切って答えてくれます。そのうち、「何月ですか、十月」と、たまに一つづきの答えが聞かれるようになりました。こうなると上級生はがぜん張り切ります。「今よく聞いてなかったみたいだから、もう一度教えてあげようか。」などと誘うと何回でも答えてくれます。ゆりさんにも何回もふって練習です。この頃になると質問の内容も、曜日や天気のように答えが日々変わるものにも広げていきました。

二学期の後半には、順番に答えていく方法でなら天気を答えられるようになりました。また同じように順番に名前を呼ぶと「ハイ」と返事を返すこともできるようになってきました。ゆりさんは、大体半年ぐらいで朝の会の質問に答えられるようになりました。同時に生活のなかでも簡単な質問に答えようとすることが増えてきました。ゆりさんは、このような変化がとても早く見られましたが、同様な方法で指導したかず君は、なかなか変化が見られませんでした。でも二年ほど繰り返すうち、ゆっくりとですがゆりさんと同じ変化が見られました。

この経過を見ていると、外界の刺激に対しての反応の変化が感じられます。音がいやで、音楽の時間によく耳を指でふさいでいたけれど、その度合が少なくなって音になれてきたと感じられたり、また関心を示さなかった粘土に手を出して触れるようになったりする変化です。いやがっていたカスタネットが、手をもっていっしょに打つと打てるようになり、絵の具をつけて筆をわたすと少し描くようになったりしてきます。外界からの声や事物に動かされるのでなく、自分の気持ちでかかわれるようになると、おうむ返しも少なくなる傾向が見えてきます。これはたいへん緩やかな変化ですが、その様子を見ていくことは、ことばの成長をとらえる上で、必要なことだと思われます。こうして「これなあに」といったとき「これなあに」とおうむ返しをしていた子どもが「ねんど」と答えることができるようになる日を待ちたいと思います。

（この項の担当：小池えり子）

六　おうむ返しから対話へ　㈡

四年生の良君は話しかけるとほとんどおうむ返しで返事していましたが、ときどき自分の思いをいうようになっていました。

七夕の短冊を作っているとき「良ちゃん、何色が好き?」と聞くと「良ちゃん、何色が好き?」とおうむ返しで答え、短冊を見せて「これ、どうしようか。」と聞くと「これ、どうしようか。」と答えました。「なんてお願い書こうか。」と聞くと、目をそらして「ガタンガタン」と独り言をいって、おなかを叩きながら電車になって走り回りました。

しばらくして「何したい?」と聞くと「何したい。電車のりたい。」と答えました。このように大半おうむ返しのなかに、ときどき適切な返事をするようになっていました。私はこんな良君に、

①自分の思いをもつこと。

②自分の思いをことばで表現すること。

③自分の思いを他の人に伝える喜びがわかってほしい。

という三つの願いをもちました。

私は授業で使うさまざまなものをブラックボックスに入れて、子どもたちの前に置きました。そして、一人ひとりになかのものを触らせて、思ったことを子どもたちにいわせることにしました。国語の本をなかに入れて触らせ「ざらざら?」「つるつる?」「あったかいの?」などと選択肢を出して答えさせるようにしました。良君は

このとき「つるつる。」と答えました。他の子どもたちは「なんか四角い。」「あれっ、本じゃない。」「すべすべ、いい気持ち。」などど選択肢以外のことばで答えます。そして、「1・2・3・パッ！」と箱のなかから国語の本を登場させます。すると、

「やっぱり本だったね。白い四角いこくごの本。」

「こくご1ライオンがかいてある。」

などと他の子どもたちがいっているとき、良君は「ほんだね。」といいました。自分の思いをことばで表現していて情感をそえて、感動の助詞「ね」を使っています。私は良君のこういうことばを聞いたのははじめてでした。良君は「ね」という終助詞はいろいろな場で聞いていたと思います。それが出たと思いました。

私は良君に「どう思ったの？　どんな気持ち？」ということを表現させたいと思い、二つか三つの選択肢を出して聞くことにしました。

プールに入ったあと「プールは冷たかったの？」「いい気持ちだったの。」「もっとやりたい？」などと聞くと、このなかから一つ選択して答えるようになりました。しかし、これは半おうむ返しの表現のようでもあります。

もう一つ、私はこんな指導をしました。朝の話し合いのとき「今日は、何曜日？」と聞きます。良君をのぞいた三人の子どもが一斉に「月曜日です。」と答えます。良君は「今日は、何曜日？」とおうむ返しで答えそうですが、三人の声のなかで口を少し動かしています。

「月曜日です。」という口の動きのようにも見えます。「お母さん、元気ですか。」と聞くと三人が大きな声で「元気です。」と答えます。良君もそのなかで、口を動かします。私はハンカチを出して「これは何ですか？」と聞きます。三人が「ハンカチです。」と答え、良君もその声にまじって答えています。これは個別的指導ではな

く、集団的指導です。このなかで良君は正しい答え方ができるように少しずつ成長しました。

四年生の三学期、和子さんが食べたものをはきました。みんな心配しました。このとき、良君が、「和子。お口、げり。だいじょうぶ？」と心配そうにいいました。やさしい、心のこもった、すてきなことばでした。

この後も、おうむ返しのことばはかなり出ました。それは自分によく理解できなくて答えられないときが多いようでした。

五年生の五月、青虫から孵化した蝶を教室の窓から見送ったとき、良君は、

「ちょうちょ、バイバイ。またこようね。」

といって手をふりました。私はこのころ、四年生のはじめに考えた指導目標にかなり到達することができたと思いました。

六年生になって良君の一学期の日記にこんな文があります。
・バスにのったり、山の手せんにのったりしました。
・どうぶつえんにいった。ぞうをさわった。おりんごをあげた。
・ぎゅうにゅうをいれて、さとうをいれて、おなべをいれて、れいぞうこをひやしてから、はいできあがり。
良君はここまで成長してきました。私は今「こくご1」(同成社)の「ね・の・を・と・に・も・が・は」などの助詞が出てくる教材でおうむ返しではない答えがいえるように基礎的な力を身につけるとともに、さらに接続助詞などが使えるようにという目標を考えています。

(この項の担当：永代寛子)

七　他者と自分の認知から表現へ

1　要求から言葉が増える

三年生から担当しているあっ君は、同級生から「しゃべりきらすと。」（おしゃべりができるの。）といわれるくらい、ほとんどしゃべらない子どもでした。促されると、挨拶は口のなかでもじょもじょといって、こくんと首を傾けるというぐあいでした。

幼児期には、お母さんは絵カードを示して意思疎通をはかっていたそうです。低学年のときも、最初は、絵カードを利用してのコミュニケーションだったようで、絵カードがいろいろ今も残っています。一年生でひらがなを習得したので、あとは、ひらがなによる指示カードや時間割を使っての指導が行われていました。

また、文字が、表現記号として、最初に理解されたので、文を読むときは、一字一字切って読む拾い読みからの脱却がなかなかできません。促音や拗音も正しい発音で読めないことが多いのです。

こんなあっ君ですが、二年生の後半ごろから、だんだん言葉が出始めたようです。パパ、ママ、カレー、だめなどの単語が出てきたようです。

三年生になって担任が代わり、両親は、新しい担任や、新しいクラスにあっ君がなじむだろうかと心配しましたが、抵抗なくなじんでくれたようです。障害児学級も新一年生が二人入学してきて、言語環境もグレードアップしました。

ことばは、要求を単語で伝えることができるようになっていましたし、簡単な指示は、口だけでいってもよく理解できました。ただ書いたほうがさらに徹底するということが、私にもだんだんわかってきました。

要求を単語で伝えることができるといっても、はじめのうちは直接行動に出てしまうことが多々ありました。たとえば、トイレに行きたいときも、だまって教室を出ていっていました。そこで、「どこに行くの。」と、問いかけて、「トイレ」といわせるようにしました。さらに、「トイレに行く。」と教えましたが助詞がうまく使えなくて、「トイレ行く。」と、ずいぶん長い期間いっていました。現在「トイレに行っていいですか。」といえるように指導して、かなりいえるようになっています。このように、いろんな場面で、要求を正しく伝えることができるように指導してきました。

六年生になって、あっ君は、一輪車に興味をもって、その練習をしたがるようになりましたが、ある昼休み、運動場から教室に帰ってきて、私の手を取って、「おいで、一輪車乗る。」といいました。このとき、まさに、「要求からことばが増える。」とはこのことなんだなと思いました。相手を意識した自主的な要求のことばだったからです。

2 口頭作文の指導

あっ君は、三年生のはじめごろには、家庭学習用の二冊のノートをもっていました。一冊は、空位のある引き算などを練習する算数ノート、もう一冊は、日記帳でした。休み明けなどには、よく日記を家で書いてきていました。しかし、それは、したことやあったことをお母さんのリードで書いたものでした。なんとか、本人のことばで綴らせたいものだと思いました。

一人学級から三人の学級になったので、他の子どもたちの様子を見ながら、共に学んでいける環境になっていました。一年生の二人は、発音が不明瞭だったり、筋道の通った話はできにくかったりしましたが、おしゃべりの好きな子どもたちでした。おしゃべりの時間を設けて、口頭作文をさっそく始めました。また、学級通信に「おしゃべりコーナー」を設けて、子どもたちのおしゃべりを載せて、読み合いました。

一年生は、「それから、それから、」と、聞いていくと、三、四文の話になりました。あっ君も、友だちの話を聞いてから尋ねると、単語だけの要求でなく、短い文をいいました。「それから？」にも応じてくれました。（ほんかう。くるまのる。ほんくるまのる。）これが、三年生のはじめ頃に、おしゃべりコーナーに載ったおしゃべりです。このように、現在形の表現で、これからしたいことをいうことがほとんどでした。過去形を使わないし、したことのお話もしないので、こちらから、「□□したでしょう？」というと、「□□したよ。」というので、それを広げて、過去の話の指導をしていきました。しかし、自主的な話は、ほとんどこれからの予定にかぎられていて、なかなか広がりませんでした。

3　読み取りの学習で話す力が育つ

あっ君は、字が読めて、文も拾い読みながら読めましたが、内容をどのていど理解しているのかつかめませんでした。そこで、こくごの教科書などを使って、内容の読み取りの学習を始めました。最初は、何のことかわからずソッポを向いていたあっ君でしたが、ノートに問題を書いて、答えも書かせるようにすると、やり方がわかって、読み取りができるようになりました。また、読み取った答えの文を音読させることによって、正しい文書表現も、少しずつ身についてきています。繰り返しの力だと思います。

これは、家庭での日記指導や、学校でのおしゃべりを清書させる指導でも、培われた力だと思われます。

さらに、読み取りの学習は、主語をはっきりさせることで、自分と他人の意識をもって話す素地になったと考えています。

4　感性が育つことで話の内容が広がる

担任になってすぐの頃、テレビを見ていたあっ君が、ワーワー泣いていました。なぜ泣いているのかわかりませんでしたが、どうも別れの場面のようでした。わけもいえずに泣いているあっ君を抱きしめながら、この子は、豊かな感性をもっているんだなと感じたものでした。

人形劇の視聴や読み聞かせをつづけていましたが、そのうちに、好きなお話が出てきました。「ごんぎつね」などの動物の出てくるものが大好きでした。物語のほか、動物の生態を撮ったものも大好きで、それらのテレビ番組は、欠かさず見ていました。

テレビを見ながら、動物の名前を教えてくれるようになりましたし、危険な場面では、「あぶない。」と何度もいうようになりました。「ごんぎつね」を見たとき、興奮して、大喜びしたかと思うと、ラストシーンでは、「だめ、だめ、ドンだめ。」と泣き声でいっていました。

また、図鑑の動物のようすを見て、「パパ、ママ、赤ちゃん。」と説明をしたり、「いたい。ねてる。死んだ。」と、ようすにも目を向けて、話すようになりました。

六年生になって、あっ君は、長崎に修学旅行に行きました。事後指導で、〈ひろしまのピカ〉を読み聞かせたら、あっ君が大泣きをしました。

本をみました。なきました。こわかった。かじ。みいちゃんがかわいそ。

これは、そのあとに書いた感想文の一部です。感性のすばらしさをことばに表せるようになったのだなあとうれしくなったものです。

5　自分と他人の意識をもって話す

六年生の現在、あっ君は、固有名詞をずいぶん使うようになりました。先生でなく、小山先生とはっきりいってくれます。

また、お父さんから電話がかかってくると自分も出たがり、用事を頼んだりするそうです。生活の場で、ことばが生きて使えるようになってきたなあと思います。

五年生の頃から、何か新しいものをもって教室に行くと、「買った、買った。」と大喜びするようになっていましたが、だんだん「□□買った。」というようになってきました。そこで、今、「先生が□□を買った。」と「ぼくは、□□をもらった。」がいえるように練習しているところです。機会あるごとに、繰り返しいわせて、主語を意識した話ができるようにしていきたいと思っています。さらに、先に述べたように、読み取りの学習をすすめていけば、主語の意識が育つので、生活の場と、学習の場の両面からことばを育てていきたいと思っています。

（この項の担当：小山禎子）

八　話す力を伸ばす

1　中学校入学当初のようす

入学式での陽一君は、とても落ち着いていました。無表情で発語がありませんでしたが、友だちや先生の声かけや指示があると素直に従うことができ、はじめての場面でもとくに支障はありませんでした。

学級でも、最初はほとんどことばがなく、表情の変化もありませんでしたが、少しずつことばが出るようになり、入学後一週間たったころには、わざと教師の指示と反対の行動をとって「先生　怒ってるの？」といって笑うようになりました。また、近くにいる教師や友だちに対して、靴下へのこだわりが出て靴下にさわったり、つねったり、たたいたり、キスしたりするようになりました。みんなが嫌がっているのを見ると、陽一君はますます喜んで、しつこく繰り返すので、みんなも落ち着けませんでした。

2　指導にあたって

学級を一歩出ると、いつもの固い表情になって口を閉ざしてしまう陽一君ですが、学級では安心して自分を表現できるらしく、伸び伸びとした明るい表情でした。でも、人の嫌がることばかりして大喜びしているのです。人とかかわりたいという陽一君の思いはわかるのですが、これでは逆に嫌われてしまいます。

また、内容の理解は不十分であっても中学生の教科書を読む力がある一方で、掛け時計の電池が切れているのを見て「壁　壊れてるの？」といったことに見られるような理解力と表現力の未熟さも気になりました。

そこで、陽一君がうまく人とかかわりがもてるようにしたいと考え、自分の思いや考え、人に頼みたいことをうまく表現できる力をつけるために、次のような方針を立てて陽一君と接することにしました。

①人を困らせる行動には、「いやです。やめてください」などと簡潔に伝えて、後は徹底して無視する。

②物を壊したり散らかしたりしたときは、「元どおりにしてね」と伝え、時間がかかっても元どおり、または、もっときれいにするまで待つ。

③教師と一対一で楽しく遊ぶことで、人とかかわる楽しさをたっぷり味わわせるとともに、豊かな表情、豊かなことばを育てる。（陽一君の好きな「こちょこちょ」（くすぐり）「せっせっせ」から始めて、しだいに「ぐらぐらゲーム」「立体四目ならべ」など中学生らしい内容で遊べるようにしていく）

④まちがった言い方に対しては、訂正したり反応しなかったりして、そのいい方がまちがっていることに気づかせるようにし、正しいことばづかいで要求してきたこと、話しかけてきたことには、できるだけ応じるようにする。（「～してみ」→「～してください」、「陽一君は～」→「陽一は～」、「水を、飲んでください」→「水を飲ませてください」など）

⑤毎時間の最初に学習予定を知らせ、学習が早くできた場合、陽一君のしたいことを考えさせる。

3　陽一君の変化

もともと、教師とかかわりたい気持ちが強かったので、①の方法は非常に効果的でした。相手にしてもらえないことが、陽一君には何よりつらいことだったようで、つねる、たたく、キスするという行為はほとんど見られなくなりました。靴下へのこだわりはまだ少しありますが、以前と比べるとうんと減っています。また、「〜してください」といういい方もすぐにできるようになりましたし、ことばのつかい方で注意したところは、つぎからは直そうとしています。でも、自分のことを「陽一君が」とか「ぼくが」といういい方に変えるのはなかなかむずかしく、どうしても「陽一君が」といってしまいます。

また、教師との一対一の遊びは、ますます好きになって、「さあ、今日は勉強のあと、何して遊ぼうかなあ」と声をかけただけで、もうニコニコ笑っています。「これから、せっせっせをします」というと、もうげらげら笑っています。このように大好きなことがあるので、「早くすませて、陽一君と遊びたいなあ」と声をかけただけで行動に見とおしがもてて、課題にいっしょうけんめい取り組めるようになりました。そして、授業のはじめの学習予定の確認を、耳で聞くより目で見るほうが理解しやすい陽一君には「1、教科書の○ページを読む　2、漢字練習　3、プリント一枚」といったふうに書いているのですが、陽一君は「先生、3で終わりですか？　4番せっせっせ　したいです。5番ぐらぐらゲームです」といって4、5を書き加えるようになりました。

また、時計にこだわりのある陽一君は、いつも時計を意識しています。そして、課題をするのに時間がかかって遊ぶ時間が少なくなりそうだということはわかるけれど、順番にこだわって課題を途中やめにしてつぎに行けない陽一君は「あーあ、もう時間がないよう。時間がないので、ぐらぐらゲームはお休みさせていただきます」と悲しそうに叫んでパニック寸前になります。

そんなとき、「そう、ぐらぐらゲームはお休みなのか。悲しいなあ」とか「陽一君、どうしてぐらぐらゲームを、お休みするの？」などと、日によっていろいろな語りかけをすることで、陽一君は、少し落ち着きを取り戻して、「ぐらぐらゲーム　したいの」と答えたりします。このように、陽一君の思いを引き出し、いっしょにどうしたらよいか考えていきます。

また、ゲームが大好きだからといっても、陽一君は、勝ち負けには興味がなく、勝っても負けても喜んでいます。ゲームをとおしての教師とのかかわりそのものを楽しんでいるようで、「先生　お見事っていってください」とか「エイッ　っていってください。もっと大きな声で」とか要求してきます。要求に応じて声色を変えてみたり、ときには「今日は疲れているからいわない」と応えたり、お互いにゲームをとおしての会話を楽しんでいます。

相変わらず、学級から一歩でも外に出ると、固い表情で、ぎゅっと口をつぐんでしまい、話しかけても無反応になってしまう陽一君ですが、学級にくるときは小走りでやってきて、「先生　おはようございます。よろしくお願いします」と明るい声を響かせています。

話す力を伸ばすことについて考えておかねばならないことは、①その子どもに応じた内容を大切にすること、②話しやすい相手であるようにしていくこと、③話しやすい場を大切にすること、の三つではないかと思います。こういう条件のもとで話す力を育て、さまざまな内容を、さまざまな相手とも、さまざまな場で話すことができるように成長させていきたいと願っています。

（この項の担当：岩野しのぶ）

九　気持ちを表現させる

1　入学したころのじゅん君

入学したころのじゅん君は、絵本が大好きでした。お母さんに、たくさん絵本を読み聞かせしてもらっていたので、本も読める（覚えていたところもあります）し、そのお話を楽しむこともできました。しかし、コミュニケーションとしてのことばは、入学当初はほとんどなく、とてもおりこうにしていました。じつはこのときは、まだ新しい環境に緊張していたようで、要求もほとんど出していませんでした。まわりの友だちや先生ともトラブルもありませんが、こちらがかかわろうとしてもなかなか接点がもてません。とっても、おりこうなのですが、自閉的な傾向のお子さんの多い私の学級のなかでも、とくにじゅん君は、コミュニケーションという点の力をつけてほしいと私は願いました。また、これだけ絵本を読んだり、楽しんだりすることばの力があるのですからこれをコミュニケーションのなかに生かしていけないだろうかと考えました。

2　じゅん君と仲よくなる

じゅん君が私の目を見てくれるくらい、仲よくなりたいと思いました。自閉症の特徴として、視線が合わない、ということがあげられていますが、自分が見たいものに対しては見ています。

じゅん君が好きになりそうなものを、いろいろ試してみました。そのなかで、大成功だったのが、「パンやさんでお買いもの」という手遊びです。二人で向きあって、鼻や耳をつまんであげたり、くすぐったりするのですが、この歌つき手遊びは、じゅん君と私をつなぐ一歩となりました。じゅん君は、「パン屋さん、やるの」といって私の目をしっかりと見ながら、要求を出してくれるようになりました。はじめは、「パン屋さん」をやりたくて、私とかかわり始めましたが、しだいに私とかかわりたいときに、私の手をとって「パン屋さん、やるの」と、いうようになってきました。このようなことをきっかけに、少しずつコミュニケーションがとれるようになってきました。

3　話をして

要求がことばで少しずつ出せるようになってきたところで、私は、じゅん君が絵本で知っている、もっと幅広いことばを、じゅん君に使ってほしいと思いました。そこで始めたのが、「おはなし発表」です。発表といっても、はじめから、おはなしができる子はいません。

まずはじめに、私が何か楽しいことのあったあと（たとえば、遠足など）に、「～へ行きました。」というような簡単な内容を発表して、いいながら、同じ言葉を板書します。「ではつぎは　○○君、どうぞ」といって、クラスの児童ひとりずつ前に呼んで、ひとことでも声に出して、いってもらいます。何かひとことでもいってくれれば、みんなの前でよくいえたね、ということで、私も嬉しいし、そのことをほめます。子どもが声を発するとほぼ同時に、私はそのことばを、板書します。

自閉的な傾向のある場合、情報を視覚的にとらえさせるほうが、聴覚よりも優っていることがよくあります。目で見てわかるように提示していくことが理解しやすいので、子どもたちが学習中いつも視界に入っている黒板は有効に活用したいと思っています。

さて、じゅん君も視覚的な理解が優れているうえに、ふだんから絵本を読んでいることもあって、おはなし発表→黒板への文字へ同時通訳、ともいうべきこの授業が気に入ってくれたのです。とくに、自分の口にしたことばはそのままなら消えてなくなってしまうのに、一言一句ちがわず黒板へ文字となって表れてくることが面白かったのだと思います。

また不思議なもので、書いてあげると、そのつぎは、同じことを繰り返しいうのではなく、ちがうことばをいおうとします。おそらく、視覚的に文字として書いてあれば、いいたいことは十分いった（満足した）気持ちになるのかもしれません。

じゅん君はこの方法にハマってくれました。自閉的な傾向のお子さんは、気に入ると何回も繰り返したくなる面もあり、このおはなし発表は、毎日、楽しんでくれるようになったのです。

はじめは、ひとこと、ふたことだったおはなし発表が、文章になり、ときには、助詞も入るように少しずつですが変化してきました。

4　おはなしの幅を広げる

「としょかんにいった。」という発表のあと、私のほうから「何に乗っていきましたか？」などと尋ねると、はじめのうちは、おうむ返しに、私と同じように繰り返すだけでした。そこで、そのつづきを何とかいってほしくてお母さんに書いてもらっている連絡帳を見ながら、私が「バスに乗りました。」というと、じゅん君も、それと同じことばをおうむ返しにいいます。その瞬間、「ああそう、バス　に乗ったのね。」と、私は、おうむ返しであっても、その、じゅん君のことばをはじめて聞いたかのように（演技!?）受けとめて、すぐにいったままのことばを黒板に書きます。

そんなふうにしながら「誰と行ったの？」「何を食べたの？」というような、じゅん君にとって、答えやすい内容や、興味をもっている内容について、質問をして、私が代わりに答えたのを、おうむ返しにしてもらいました。また、「バスでいった」ということをいってほしいときには、「バ…」という頭の文字だけいうと、じゅん君は「バス」といってくれるようになりました。そして私が「バスに」だけいうと、じゅん君が「のりました。」と適切な動詞をつなげていうことも増えてきました。

おはなし発表を、本格的に始めたのは、二学期の朝の会からですが、十一月になって、ついに、じゅん君は、つぎのようなおはなし発表を、ひとりでできるようになったのです。

きのうは、えのでんに　のった。
おひる　レストランで　たべた。
チョコレート　ケーキを　たべました。
すわりました。
えくせ（電車の名前）　に　のった。
おじいちゃんと　おばあちゃんと
○○くんと　おかあさん　と　いった。

これは、電車好きのじゅん君にとっては本当に楽しい思い出で、お友だちや、私たちに伝えたかったのかもしれません。じゅん君が、一文をいったのを私が板書すると、すぐにつぎの一文をいうようになってくれました。

5　気持ちを入れて「おはなし発表」をする

「〜に行った。」「〜を食べた。」ということは、お母さんが連絡帳で伝えていないことまで詳しく発表してくれるようになりました。

私は、じゅん君に、なんとか、気持ちを入れた表現をしてほしいとチャンスを狙っていました。

ふだんから、じゅん君に嬉しいことが起こった瞬間（ほしがっていたものがもらえたとき、楽しいことをやっていいよ　と許可がおりた瞬間など）に、じゅん君の両手を高く上に上げながら「やったー！」と、とびきり嬉しい声と顔で、喜ぶようにしてきました。そのうち、私がいう前に、「やったー！」と自分から喜びを表現してくれるようになりました。

自閉的な傾向にあるお子さんは、嫌なことがあるとパニックを起こすこともあり、これは誰が見てもわかりやすいのですが、逆に嬉しいことがあったときの表現は、その子の目の輝きや表情をよく見ていないと、見逃してしまうこともあります。人が、他の人とコミュニケーションをとるのは、嬉しい気持ちのときがとりやすいと思うので、嬉しいときにはその嬉しさの表現をことばに出してくれると、まわりの人もそれに対して共感していくチャンスが増えるのではないかなあと考えています。

また逆に、パニックにまでいたらないとしても嫌なことを伝えて、自分がつらい思いをしたことをわかってもらえたら、少しでも心が軽くなるのではないかと考えています。

三学期になって間もなくのおはなし発表のときでした。連絡帳には「太鼓の練習に行って、そうじをして、公園のぶらんこに乗ったあと吐いてしまった。」と書いてありました。この日のじゅん君のおはなし発表です。

「おそうじをした。
ごしごしした。
ぶらんこを　した。
きらい。
がっこうが　おわったら
ぶらんこをした。」

四行目の「きらい」というこのひとことに、じゅん君は吐いてしまったときの苦しさや、嫌な思いをこめているのです。これまで、じゅん君は「きらい」ということばを使ったことはありませんでした。また「吐く」ということばもわからなかったので、「きらい」ということばに代えたのかもしれませんが、気持ちを表す表現を、じゅん君がはじめてした記念の作品です。

（この項の担当：福永和子）

十　絵本の指導

ことばのまったく出ない子、多動な子どもたち五名の情緒学級を介助員つきで担当したとき、少しでもことばが出るようになれば、自分の頭を叩いていらだちの声を発するようなことがなくなるのではないだろうかと思い、手さぐりの指導をつづけてきました。

まず、物心もつかないころから自分の子どもに絵本の読みきかせをしながら子どもが喜びの表情を表していたことを思い出して、五人の子どもに読みきかせを始めました。

ゆたか君は家庭で入学を前にして五十音の学習をしていたのか、自分の要求を表すとき私のそばにきてよく「あいうえお」とか「かきくけこ」といいます。粘土やエプロンなど「とって。」とはいいません。「ゆたか君、どうするの」というと、「ゆたか君、どうするの。」とおうむ返しをしました。他の子どもたちとやはりふつうの対話が成立しません。

読みきかせの実践のなかから何か育つのではないだろうかと思って、ノンタンシリーズ（偕成社）九冊を購入しました。私が何度も児童用の椅子に腰かけて本を開いて読みきかせをするうちに、はじめのうちは手をつないでいないと走り出して行くことが多かったのですが、気に入ったページには「ううっ」と声を出して私のそばによってきたりするようになりました。また、お日さまなど、興味を感じた絵を指でさわったりするようになりました。『あかんべノンタン』は私が手をつないでいなくても、みんなおとなしく聞くようになりました。

二学期になって、水道で水いたずらしていたゆたか君の手元に、日ざしを見たからでしょうか「おひさま　てらてら」といいました。『ノンタンシリーズ』の『おねしょでしょん』のなかの一節です。読みきかせをすると き飛びまわっていましたが、飛びまわりながら聞いておぼえていたのでしょうか。聞いていないようで聞いてい る認知力があるということを感じてうれしくなりました。

一月末、体育館からはだしのまま飛び出したゆたか君は、お母さんといった上野のアメ横までいって戻ってき ました。蕨駅から上野駅まで二十五分かかります。学校中でたいへん心配して探しました。家に帰ってきたあ と、お母さんにだいぶきつく叱られたようで、翌日登校してきたゆたか君は先生たちにあうと、みんなに、

「はだしで外へ出ちゃだめよ。」

「ひとりで電車だめよ。」

といっていました。

だれかといっしょにいったある場所、そこまでの道順など、ちゃんと認知できる力があることはいいのです が、その認知力を使って行動する場合は、もう一つの側面の理解力が必要で、それを育てることは重要なことば の指導の内容であることを知らされました。この後、私は授業中にひょっこり「しゃいこう。（電車いこう）」な どというとき、よく話してやりますと、少しずつ理解するようになりました。以前は、朝礼のとき、ある先生を 見つけてすぐその先生のところへ走っていくこともありましたが、しだいに「朝礼が終わってからね」という注 意の内容がわかるようになり、がまんできるようになりました。自分で「朝礼が終わってからね」というように なり「そうよ。終わってからね。」というと、よく納得するようになりました。

ゆたか君の興味は『ノンタンシリーズ』でこの読みきかせに心をよせてくれましたが、しだいに電車のほうに 移っていきました。二年生の五月、連休に電車に乗って出かけたのです。それから乗り物の本をよく見るように

なり「京浜東北線また買ってこようね。」「武蔵野線また買ってこようね。」などと連発するようになりました。私は、「へんとんせんは、おのどの病気だから買っちゃだめよ。」などと話しかけたりしました。

この頃、書店で見つけた「新幹線パズル（五〇片）」を教室にもち込んでみました。はじめはゆたか君と手をつないでいっしょにやりましたが、七月になると一人で並べられるようになりました。そして「先生」といって見せにきて、「できた。できた。」と拍手をしているうちに「先生、できた。」といってもってくるようになりました。こうした表現力の成長は新しい生活面での成長にもつながっていくように思われました。ぶらんこをこわがっていたゆたか君は『ノンタンぶらんこのせて』で十まで数えて乗る楽しさを知って乗れるようになり、百まで数えるあいだ乗っていられるようになりました。

また私は偏食を治そうと思って、給食のときに何でも「おいしいよ。」といって食べたり食べさせたりしていました。牛乳パックを前において「おいしいよ。」といっていたら、ゆたか君が私に飲ませてあげようと、私の顔に牛乳パックをおしつけてきて私の顔が牛乳だらけになったりしました。ことばのなかった、はじめ君に私が「おいしいよ」といってゆっくり口にもっていって食べさせるのを見て、みんなが食べ物をすすめるときのやり方なども、ことばとともにわかるようになりました。そして、こういう生活の行動のしかたも学ばせつつ、ことばの指導をすすめるのが私の学級の指導実践の方法であるということがわかってきました。はじめ君も少しずつ発音できるようになり「おいしいよ。」といえるようになり、給食のときのあいさつを担当して「おいしいよ。いっぱあま。（いただきます。）」といってくれるようになりました。

ゆたか君はにんじんがきらいでした。そこで「一本でもにんじん」の歌を覚えさせたら「一本でもにんじん」

といいながら一きれ食べました。そして「一本でもにんじん」と歌いながら、そのたびに食べさせて、たくさん食べられるようになりました。

また、ひじきと大豆の煮物のとき、ゆたか君は大豆がきらいでひじきだけ食べていました。そこで読みきかせをして好きになっていた『ジャックと豆の木』の話をしながら一粒あげたら食べました。物語の豆はえんどう豆ですが、豆が給食に出るときは『ジャックと豆の木』といって喜んで食べるようになりました。絵本は読書力を伸ばす方向だけでなく、さまざまな発達障害の克服に役立てていくことができるものであるということを強く感じさせられます。それは国語教育というものが、せまい言語技術の学習ということではない大きな人間的成長の基礎になる価値を内包しているからだと思われます。

三年生の秋、動物愛護週間のポスターが廊下に提示されているのを見て、そのかわいい絵をだくようにして「くんくん。かわいい。かわいい。」とゆたか君が独り言をいっていました。自閉症の子どもには「かわいい・かわいそう・くやしい・さびしい。」などという情緒語の実感的表現をすることが少ないので、この場面を見て私はゆたか君の大きな成長に驚きました。これは一学期から読みきかせをつづけているブルーナーの『こいぬのくんくん』（福音館）の影響でした。

「た」というひらがなの文字を教えたとき、この文字のそばに、たぬきの絵があり、その背中に火がついているのを見て「ひ、ぼうぼう」といい、自分の背中に手をまわして「あっちい」といいました。ゆたか君は「た」の字とさし絵を見て『かちかちやま』のお話を思い出したのです。ここで、ゆたか君はやさしいうさぎがおじいさんを助ける心も感じたのでしょう。一つの文字も情緒を育てるということに私は深い感動をおぼえました。

ゆたか君は先生たち二十六人の名前をしっかりおぼえています。作文を書かせようと、原稿用紙を配ったら、ゆたか君は先生たちの名前を書き始めました。このときは、きよみや先生と書いて、また「き」と書いたので「きよみや先生、書いたじゃないの。」というと「きょう」といいながら「きょうとう先生」と書きました。しかし、こういう作文ではなく、心のこもった文も書いてくれます。教頭先生は週一時間、音楽を教えてくれていました。ゆたか君の大すきな先生でした。教頭先生の離任式の後でゆたか君は自分からつぎの作文を書きました。

（四年）ゆたか

きょうとうせんせ
い　おんがくの
べんきょう　おも
しろかった。
むしのこえお　が
っそうします。
と　いいました。
すず　やりました。
りんりりんりんりん
と　やりました。
きょうとうせんせ
い　さよなら

『ノンタンシリーズ』から読みきかせを始めて、たくさんの絵本や物語の読みきかせをつづけてきました。聞いて楽しんでいる子ども、自分で読むようになった子ども、そして感想めいた文を書くようになった子ども、みんな絵本が好きになりました。

『すいか』（チャイルド社）を見ていたとき「すいかばたけいこう」と子どもたちがいい出しました。また「先生、きいろいの、なに」ときいたりします。「すいかよ。きいろいのもあるの」と話すと、ゆたか君はあとで「しばふじの　やおやさんでかってくる。すいかかうの。おかあさんとかって　あまいすいかかうの。」などと書きました。

こういう文は、通常の作文のようですが読書したことから生まれたものなので、自閉症児の初歩的な読書感想文と見てよいのではないかと思います。『かわいい　おともだち　いぬ』も大好きになりました。茶色の子犬が白い犬のおなかの下にだっこされていて、そばにボールがころがっています。ゆたか君はこの本が大好きになって「くんくんかわいい」といいながらよく見ていました。そして、こんな文を書きました。読書感想文に少し近づいたようです。

ゆたか

くんくんかわいい
くんくん　およふく
きいろ　およふく
ちゃいろい
くんくん　だっこ
ぼうる　ころころ

（この項の担当：中村和江）

十一　短い物語のあらすじがわかる

自閉傾向のある児童にとって、ことばだけで物語の展開を追っていくのは、大変むずかしいことです。そこで挿絵は重要な手がかりになります。とくに指導の最初の頃は、使いやすい教材として絵本や紙芝居がいいと思います。ところが、子どもたちはそれぞれの場面場面については驚くほど詳しく見て取り、説明してくれるのに、つぎの場面とのつながりにはまったく興味を示してくれないことが多いのです。

とむ君は、知的な障害も、自閉傾向も比較的軽い児童でした。でも入学時には発語はほとんどありませんでした。構音には障害がなく、経験不足かこだわりのためにことばが出なかったようです。入学後すぐにおうむ返しのあいさつが出始めました。二年生の頃からドラえもんの漫画に興味をもち始め、毎日かばんに入れてもってくるようになりました。とくに気に入ったページを、すり切れるほど見て、そこに書いてあるセリフを何回も読んでもらううち、覚えてしまいました。こうして、ドラえもんからことばを獲得してきたとむ君ですが、一つのページからつぎのページへのつながりはなかなかつかめません。たとえば『おおきなぞうさん』（なかのひろたか作、福音館書店）を使った授業では、

二ページ目（ぼくが大きく描いてありむこうのほうに小さくぞうが描いてある）

ぼくが大きい目をしています。それで小さい灰色のぞうさんが立っています。

二、三ページ目（ゾウ君がだんだん大きくなってくる）

ぼくの隣りになかのぞうさんがいました。それとぼくの隣りに大のぞうさんがいるのです。

といった説明をしてくれるのですが、象がだんだん近づいてくるというこの三ページの話のつながりについてはまったくのみ込めないようでした。さらにその先の、ぞうさんは喉が乾いていて池の水といっしょに金魚を飲んでしまう場面は、登場するものが変わるせいかまったくわからなくなってしまいました。

そこで、もっとわかりやすい場面を設定しようと考え、四コマ漫画を使ってみました。一コマ目（おねえさんがクッキーの缶を高い棚の上に置いている）二コマ目（男の子が手を伸ばすが届かない）三コマ目（男の子が何か思いついてにっこり）四コマ目（男の子はクッキーを食べている。背後に踏み台が描いてある）

最初とむ君はこの漫画の場面場面を一生懸命説明していました。でも、時間の流れはまったく考えられないようでした。そこで、漫画と同じような場面を教室に再現しました。漫画の一コマ目を示し、高いところにクッキーの缶を置きました。二コマ目を見ながらとむ君は踏み台を取りにいきました。そしてもちろん四コマ目にクッキーをほおばったのはいうまでもありません。このような簡単な動作化で、とむ君はこの四枚の流れを把握できたようです。とむ君が話してくれた物語はつぎのようなものでした。

『お姉さんが缶を置きました。隠したんでした。僕は食べたいけれどとれませんのでした。見つけました。椅子があるのでした。椅子にのると簡単にとれたのでした。おいしいクッキーをたくさん食べたのでした。』

この経験から、私は読み取りには、動作化が有効なのだと気づきました。そこで、私は国語の読みの指導のなかに動作化や劇遊びをたくさん取り入れました。学級集団を作る上でも、このような取り組みは欠かすことができませんでした。私の行った劇遊びは①導入に題材となる絵本や紙芝居を何度も読み聞かせる。②筋はそれに沿って固定するがセリフは自由。③配役も自由にその場で決める。こうして繰り返し遊びながら、話の筋をつかんでいきます。同時に、みんなで劇遊びをしながら、無理なく楽しく集団づくりをしていくことができました。

ところが、学級の人数が増え、さまざまな障害の児童が在籍するようになると、動作化だけでは筋がつかめない児童も出てきました。たか君はなかなか発語の出ない児童でした。高学年になって単語なら数語が出るようになりましたが、何か聞き取りにくい。構音障害はないようですが、鼻に抜けた音になってしまうため、なんだかフランス訛りになってしまうのです。そのたか君に、数年遅れて弟分が入ってきました。とし君です。彼もあまりことばを口にせず、たまに話すことばも「デュ、デュ、デュ」というようなものでした。

この年、最初に取り組んだのは『三匹のやぎのがらがらどん』（福音館書店）。絵本も大好きでしたが、劇遊びをすることでさらに楽しめる素材です。椅子を並べて橋に見たて、先生をトロルにして、カタンコトンとさっそく劇遊びが始まりました。学級全体で大騒ぎに楽しみながら劇遊びが盛り上がります。しかし、たか君やとし君は、その渦に入っていけません。橋を渡るときにトロルに出会うという肝心のポイントがわからないのです。彼らにとっては動作化だけでは筋の理解がむずかしく、興味ももちにくいようでした。動作化を助けるような、さらなる補助手段が必要だと感じました。

その前年に取り組んだ地図遊びで、いつもいく公園への道のポイントに『しるし』を作りそれをたどって目的地に着くようにしました。たとえば、《トゲトゲ葉っぱ》の大きな木の方に曲がって《煙突》のある建物の下をとおって《信号》を渡ってまっすぐいくと、冒険公園に着く、といった具合です。（《　》の中がしるし）するとたか君やとし君も、積極的に『しるし』を探したり選んだりすることができたのです。この『しるし』を読み取りの手がかりにできないかと考えました。

「もし……どっちの道にいこうかな」（福音館書店）という絵本は主人公が散歩に出ると分かれ道があり、そのどちらにいってても別のストーリーが楽しめるものです。じっさいの絵本は分かれ道のたびに横に切り取りを入れていくので最後は八等分になってしまうのですが、その分だけちがうストーリーに出会えます。この分かれ道のそれぞれに『しるし』を使ってみました。たとえば、出発→森の道《木のしるし》蛇に出会って逃げ、犬の尻尾を踏んでしまう。犬に追われて靴をとられる。《それぞれ、蛇、犬、靴のしるしを場面の前につける》→家の道《家のしるし》犬の家を探して靴を返してもらう《靴のしるし》→工事現場の道《工事中のしるし》工事中のペンキにいたずらをして頭から浴びてしまいどろどろになっていて、別の道があるのです。

この絵本、何回も取り組むとバラバラになってしまう上に、横に細長く見にくいので、学級では、紙芝居仕立てにしました。この取り組みでは、どちらの道にいくかも自分たちで決められるようにしたので「今日は公園の道にしたい。」「今度は森の道がいい。」などと学級のなかで最初は二つに、それからさらに四つに分かれ、それぞれの道で起こったことをしるしの順に動作化していきました。たか君は自分で選んだ道についてはしるしを手がかりに話の順序を理解することができました。とし君はしるしから自分の好きな道のつぎの場面がわかりました。とくに大好きな《公園の道》の走るマークがわかっていてワクワクした表情で待つことができました。

つぎの年、学級では「ありこのお使い」（石井桃子作）に取り組みました。カマキリのきりおや、ムクドリのむくすけをやはり『しるし』で表して、それを見せてからつぎの場面の絵を見せたり動作化を行ったりしました。すると、たか君、とし君だけでなく発語のまったくない自閉傾向の児童も『三びきのやぎのがらがらどん』のときとはちがい、登場人物のしるしを順番に並べたり自分の好きな場面（たいていの子が熊のお母さんがお尻を叩くところ）を楽しみに待てるようになったのです。

（この項の担当：小池えり子）

十二　主述の関係がわかる

1　「おこりじぞう」（日本書籍「国語」三年上）の授業

参観日に「おこりじぞう」の勉強をしました。主語と述語の関係をつかませたいのです。「□が　どうする。」「□は　なんだ。」というところを選びました。主語とその動きを行動させて理解させようと思いました。

〔指導したいことがら〕

□は主語
＝は述語
①②③④体を動かしてやってみる
（　）の中はさがさせる
・は、たずねること

〔板書〕

女の子は　はだしでした。
①。やってみる

女の子は
・だれのところまで
石じぞうの　ところまで
・どんなふうに
（ゆらゆら）
たどりつきました。
②。やってみる

女の子は　すわりこんで　しまいました。（③。やってみる）

女の子は　（うつぶせに）　たおれました。（・どんなふうに）（④。やってみる）

〔授　業〕

おこりじぞう

T「きょうは、ここまで勉強しますよ。」（黒板を指しながら）

㊫女の子は　はだしでした。

（右の文をいっしょに読みます。そして女の子はと囲みます。）

T「女の子はだから、女の子のことが書いてあるよ。女の子はなにでしたか。」

良「はだしでした。」

（「はだしでした」に══を引きます。）

（そして、先生がはだしになり、良夫もはだしになります。）

T「女の子はこうだったんですね。いっしょに読みましょう。」

（良夫といっしょに「女の子ははだしでした」と読みます。）

（つぎの文を良夫が読みます。）

㊫女の子は　石じぞうの　ところまで

ゆらゆら　たどりつきました。

T「女の子は　だから、女の子のはなしですよ。」

（と、女の子はのように囲みます。）

T「女の子は　どうしたの。」

良「……。」

T「たどりつきました。女の子は　たどりつきました。」

（そこに＝を引きます。）

T「やっと、ついたんですよ。」

T「だれのところまでたどりつきましたか。」

良「石じぞう。」

T「そう、石じぞうのところまでたどりつきましたね。」

良「うん。」

T「どんなにして。」

（「ゆらゆら」を指さして補助します。）

良「ゆらゆら。」

T「そう、ゆらゆら　たどりつきました。元気そうですか。ちがうかな。」

良「ちがう。」

T「ちがうね。元気じゃないね。今にも死にそうだよ。そこをいっしょに読みましょう。」

（「女の子は……たどりつきました。」を読みます。）

（つぎの文を良夫が読みます。）

(文)　女の子は　すわりこんで　しまいました。

T「女の子は　ですね。だれのおはなしですか。」

良「女の子。」

T「そう、女の子のおはなしですよ。」

（女の子はのように囲みます。）

T「女の子は　どうしましたか。」

良「……。」

（「すわりこんでしまいました。」を指さし、══を引きます。）

T「すわりこむって、どうするの。」

良「あのねえ。」

（良夫はそういって、椅子に腰をかけました。）

T「あのね、こんなにすわります。すわってうごかない。すわりこむ。」

（私と同じように、床に座らせます。そして、「女の子は　すわりこんでしまいました。」をいっしょに読みます。）

（つぎの文を良夫が読みます。）

(文) 女の子は　うつぶせに　たおれました。

T「女の子は、ですよ。」

（そういって、女の子を□で囲みます。）

T「女の子は、どうしましたか。」

良「たおれました。」

T「たおれました。正解です。」

良「やったぞう。」

（「たおれました」に═を引きます。）

T「どんなふうにたおれましたか。」

（「うつぶせに」を指さしながら。）

T「うつぶせに、たおれて。良夫君。」

良「…………。」

T「こうやるの。」

（と、「うつぶせに　たおれました」をやってみせ、良夫にもさせます。私は文を読みながら、良夫は女の子になって、うつぶせにたおれます。拍手）

T「では、勉強したところを、はじめからいっしょに読みましょう。」

（声に出して読みます。）

〔劇〕

つぎに文を読みながら劇をします。

（配役）

　女の子――良夫

　石じぞう――お母さん

　かんとく――先生

（すること）

1、女の子は　はだしでした。

2、女の子は　石じぞうの　ところまでゆらゆら　たどりつきました。

3、女の子は　すわりこんで　しまいました。

4、女の子は　うつぶせに　たおれました。

私が1～4の文を読みます。良夫は女の子になったつもりでしょう。ぎこちないけどいっしょうけんめいです。拍手、拍手で、大成功でした。

2　国語の授業

「おこりじぞう」のように長い作品は、終わりまでこのような授業ができるわけではありません。動作動詞の短い文のところだけを主語・述語をとらえ、主語の動きを動作化することで、文を体で読むことができたらと思っています。

この授業のように、良夫に読みとらせるとき、「女の子は、だよ。」と動きの主体をとらえさせ、「どうしたか」と動きをとらえさせます。こうして、一つひとつ読みとったことがらを、「この文をもう一度読んでみましょう。」と読ませます。このことは、「女の子は　石じぞうの　ところまで、ゆらゆら　たどりつきました」と、女の子の姿をまとめることになるのです。しつこいようですが、このようにすることで、主語とその動き、ようすがつかめるのです。

文や文章を読む力を身につける第一段階の指導は「先生があるく。」というような主語と述語からなる二文節の「何がどうする。」という文意を理解させることです。そして、形容詞述語文、名詞述語文の指導をして「女の」という連体修飾語のある連文節の主語「女の子は」につづいて「ゆらゆら」という連用修飾語のある連文節の述語になっているような文意の指導にすすみたいと思います。

「おこりじぞう」の授業は、こんな文意の理解から教材の内容を理解させたいと思って指導しました。

（この項の担当：中西弘子）

十三　文学作品の読み

ひらがなや、かたかなが読めるようになって、一字一字の拾い読みではなく、語や文として読めるようになると、普通学級では『大きなかぶ』などの文学作品が読めるようになります。しかし、自閉症児の三人ほどの学級では普通学級の一年生の教科書にのっている八ページの長さの『大きなかぶ』は読めません。三、四人の学級に自閉症児が一人いる場合も、他の子どもたちといっしょに『大きなかぶ』を教科書を中心にして学習することはむずかしい場合が多いようです。

それは文字は読めても物語の展開を追って内容を理解する力が身についていないからです。また、物語に出てくる一つひとつの単語の意味が理解できていないことにもよります。

「かぶを　うえる。」

って、どうすることか聞いても、畑に種をまくことをイメージすることが困難です。

「どうして、かぶをぬいているの。」

と聞いても、かぶを食べることと結びつけて理解することが困難です。

このようなことを読みながら理解させようとして説明していると席を立ったりしてしまいます。どうしてもこの作品を扱いたいと思うときは紙芝居にして、一枚一枚それぞれの絵について、

「これ、だれ。」

「おじいさん。」

「何しているかな。」

「ぼうしは、黒。」

「そうね、黒いぼうしかぶってるね。」

「手で何しているの。」

「おすな。」

「砂場で遊んでいるかな。」

「あそんでる。シャベル。」

というふうに授業が展開したりします。なかなか、この物語の主題に入れません。


紙芝居やパネルでこのような授業をゆっくりつづけてもいいのですが、私は文学作品の授業の導入として『こくご3』（同成社）の十二ページの「人まちがい」などの一ページで一つの作品になっている教材で指導しました。

人まちがい

中村　ひで子

デパートに　いきました。
人が　いっぱい　いました。
「おかあさん。」
と、いって
手を　にぎったら、

しらない　おばさんの
　手でした。

これをみんなで声に出して読み、それぞれ一人で読めるようにします。そして、「人まちがい」って、どんなことかと聞いてことばの意味を理解させます。私はこのとき、ゆう子ちゃんのそばに行って「あき子ちゃん」といいました。そして私が人まちがいをしていることをわからせて、教材文にもどります。「人まちがいをしたのは、だれかな。」と聞いて、これを書いている「中村ひで子さんだね。」と理解させます。

「デパートって、どんなところ。行ったことあるの。」

「かいもの。」

「そう。えらい。買い物にいくところ。デパートは大きい。学校みたい？　なおちゃんのうちみたい？」

「学校みたい。」

「そうだね。人がいっぱいいるね。何してるのかな。」

「立ってる。めがね。」

「この子、なんていう名まえかな。……この子が書いているから、ここにある名まえ。そう。ひで子さんだね。これはだれかな。」

「おかあさん。」

「人がいっぱいだね。だから、ひで子さんはどうしたんだろう。絵を見てごらん。どうしてるの。」

「お母さんの手、つないでる。」

「これは、お母さん？　ちがう人？　どっち。」

「ちがう人。」

「そう。なんという人かな。」

「………」

一ページで七行の作品なので私はこのような授業をすることができました。こういう教材を十点くらい指導し、二ページにわたる教材から三ページにわたる教材で授業をして『大きなかぶ』の授業ができることを目ざします。

そして『大きなかぶ』で授業ができるようになると、文学作品による本格的な授業ができるようになります。しかしこの後も授業の展開は紆余曲折。しかしこの子どもたちの感受性や思考の内容がつかめめて楽しさも味わえます。

一般的に障害児学級は自閉症児だけ数名が一つのクラスになっているのではなく、知的障害児のなかに一名、または二、三名の自閉症児がいっしょにいます。そこで文学作品の授業もいっしょにすすめられます。

高学年になると『大きなかぶ』などから始めた文学作品の指導も『かさこじぞう』（授業のようすやこの感想文などは三九ページにあります。）や『ピーターの　いす』（木島始訳・偕成社）、『ろくべえ　まってろよ』（灰谷健次郎作・文研出版）、『きかんしゃやえもん』（阿川弘之作・岩波書店）、『三びきのこぶた』（瀬田貞二訳・福音館）、『ちからたろう』（今江祥智作・ポプラ社）、『てぶくろ』（内田利沙子訳・福音館）、『ちいさなたまねぎさん』（せなけいこ・金の星社）、『三びきのやぎのがらがらどん』（瀬田貞二訳・福音館）など、たくさんの文学作品がとりあげられます。さらに読む力がついている学級では『一つの花』（今西祐行作・実業の日本社）、『モチモチの木』（斎藤隆介作・岩崎書店）、『ごんぎつね』（新美南吉作・大日本図書）、『おこりじぞう』（山口勇子作・新日本出版社）などもとりあげられています。また『てんぷらぴりぴり』（まどみちお・大日本図書）、『のはらうた』（工藤直子・童話屋）などの詩集もとりあげられています。

授業の展開は作品の文脈にそって読み味わう普通学級の指導ふうにすすめられることもありますが、この方法で指導できる学級は少ないようです。私は『きかんしゃやえもん』は電車が好きな子どもが多いので普通学級の授業のようにすすめることができるのではないかと思って、公開研究会の授業でとりあげました。ところが大失敗をしてしまいました。「年とったやえもん」について話し合うとき、「この教室にも年とった人がいらっしゃるよ。」などと話しました。そして、年とった機関車も人間も大事にしなきゃならないと展開しようと思ったら、自閉症の子どもたちが立ちあがって、参観している先生たちのなかに入っていきました。そして、校長先生のところなどにいって頭に手をおいてなでまわしました。「席につきなさい」と呼びかけても、校長先生の頭の手を離そうとしません。そばにいくと逃げて、つぎの年とった先生のところにいって、頭をなでまわし、楽しくて、うれしくて、すっかり授業のことは忘れてしまったようでした。引っぱってくるとパニックを起こしそうで、私はどうすることもできなくて、他の子どもを相手に授業をすすめました。

このとき、自閉症児の文学作品の授業については、とにかく一つひとつのことばについても細心の注意をしてすすめなければならないということを強く感じさせられました。

しかし『一つの花』にしても『ごんぎつね』にしても彼らなりに文学作品を受けとめて、感想を自分からつぶやくようなこともあって、さらによい実践をしていきたいと思う日が何回となくありました。『一つの花』や『ごんぎつね』の感想文は『障害児学級の学習指導計画案集』のなかに、自閉症ではない子どものものを入れています。自閉症児の感想文は「いまにしすけゆきかきました。いっぱいかきました。一つの花かきました。えぐちせんせよみました。いとあきこよみました。ぼくよみました。」「ごんぎつねしんだ。ひよ十×。ぼく○。えぐちせんせい○ごんぎつねしんだ。本もんじにいくの。サザエさんちのおちゃづけ。エレクトニクスのロームかぞえています。」というようなものでした。感想を話し合うときは「ゆみ子お父さんせんそう死んだ。せんそう×」などと独り言のようにつぶやいていました。内容はかなり理解しているように感じられましたが、まとまった感想文は書けませんでした。読みの力と、感想をもつ力と、作文の力をともに伸ばしていくことが自閉症児の国語教育だと思われます。

そして、もう一つ大切なことは自閉症児たちが好きになる文学作品、理解しやすい文学作品が教材として創造されなければならないということです。このことを前提にして書かれた文学作品はまだないようです。彼らの認知の回路をふまえた物語というのはどういうものでしょうか。バスのなかで、みなさんに生年月日を聞いてまわる一人の子どもの姿が描かれている作品は、たいへん喜んで読んでくれるのではないだろうかなどと、私は一人思いつづけています。彼らのニーズに合った教育の保障はこんなところにひそんでいるのではないだろうかなどと思いつづけています。

（この項の担当：江口季好）

十四　三段階の作文指導

月曜日の朝はいつも全校朝礼があります。毎回、校長先生が話をし、週番の先生が週目標について話をし、その後みんなで歌ったり体操をしたり、ごみひろいをしたりしていました。

私の学級では月曜日の一時間目はいつも国語にしていました。そして、いつも朝礼のことを書くようにしていました。だから、子どもたちは教室に入るとすぐ朝礼のことを書き始めます。

一月十四日、私が教室にいくと安部君はもう「ちょうれい」という題で書いていました。

> ①　ちょうれい　　安部貴之
>
> タグラスドンドレスとベルエアラコブをかいました。いとうあきこはおやすみです。セメンドをかいました。コンタック７６００テキスト。コンタックせきどめをかいました。ふじんひゃっかコンタック６００とおかあさんのべんきょうしつ。コンタックせきどめをかいました。

この作文は朝礼のこととはまったく無関係な内容です。ダウン症の子どもなどは文字のまちがいはあっても大体朝礼のことを書いていますが自閉症の安部君はこういう文を書きます。私は「たかちゃん。これは朝礼のことではないね。今日は校長先生が読書感想文のことを話したね。それから週番の先生が話したね。どんなお話をしたか、しっかり思い出して書こう。」と語りかけて、具体的に思い出させて、また書かせます。すると安部君はこう書きました。

②　ちょうれい　　　　　　　　　　　　　　　　　安部貴之

どくしょかんしょうぶんににゆしようこうちようせんせいがもらいました。プールにおよぎました。しゅうばんせんせいがしました。せんせいがおわり

私はこの文についても「この作文もおかしいね。校長先生はもらわなかったね。朝礼のときプールでおよがなかったでしょう。」などと話して、朝会のときのことを話し合いながら書かせます。それを黒板に書いていっしょに読むようにしていました。

③　ちょうれい　　　　　　　　　　　　　　　　　安部貴之

校長先生が読書感想文でにゅうせんした人に、しょうじょうをわたしました。それから、みんなではく手をしました。校長先生が「うんどう会で一とうになったり、習字でにゅうせんしたり、みんな、いろいろがんばって、いろんなことにちょうせんしましょう。」と話しました。

つぎは週番の先生が、

「今週の生活目標は『あいさつを、しっかりしましょう。』ということです。へんじもしっかりしましょう。わるいことばを使わないできれいなことばを使うようにしましょう。」と話しました。それから「両手をあげなさい。」と言いました。天をつくうんどうをしました。手ぶくろをはめている人がいたので注意されました。そして音楽にあわせて歩いて教室に入りました。

この③の作文はみんなでいっしょに読んだり、ときには写させたりしていました。そして、この作文は安部君

が書いたものと思われないように注書きをして文集にのせ「こんなふうに書けるようになるといいね。」と話しました。

朝礼の作文ではない、いろいろな作文についても、書いているのを見て、助詞のまちがいなどに気づかせてゴムで消して書き直させたようなものは本人の作品として発表してきませんでした。

自閉症ではない子どもの作文についても「書いた。」といってもってきたとき、私が読んでまちがい字がある場合など「よく読み直して、まちがいを直してもってきなさい。」と何度も返して推敲させました。いやがることもありました。そんなときは、まちがいのある文をその子の作品としました。文集その他に発表する場合は本人の実力そのものの作品であることが大切なことだと思います。

自閉症児の場合も①②③の指導によって、表現力は少しずつ着実に成長していきました。

（この項の担当：江口季好）

十五　主述のある作文を書く

中村恭二君は二年生で自閉的傾向のある子です。「なかむらきょうじくん」と名前を呼ぶとはっきりした澄んだ声で返事をしてくれます。休み時間、恭二君は友だちと教室にいてもいっしょに遊ばず自分のペースで好きなことに夢中になっていました。恭二君にとって自分が好きなことは、自分専用のスペースに自分の好きなように物を並べることです。たとえば、教室のロッカーの上に教材用のブロックを縦に並べたりします。このやり方は、数カ月続き、そしてある日から教材用絵カード、おはじきと変化していきました。自分の思うように並べると安心するのです。途中で声かけすると、それなりに反応はするのですが、並べ終わるまで気がそぞろです。一〇分くらいで並べ終わるとつぎの行動に移っていけるのです。恭二君の心の安定のために、その「儀式」を受け入れ、彼との関係をつくっていくことを大切にして指導をしてきました。

1　ひらがなを確実なものに

四月。五人の友だちと「こくご1」の教科書の絵を見て一字一字にシールを貼り、シールを指で押さえて読むことから始めました。自分の本がうれしいらしく、シールを押さえては大きな声を出して読んでいきました。そのようにして、一字一字のひらがなを読んでいきました。

教科書から絵を取り出し絵カードと文字カードをつくりました。

黒板の絵カードをみて、一音一個のマグネットを押さえて読んだり、文字カードのなかからマグネットのとこ

あ

り

い

か

う

し

（文字カード）

○
○

か
に

（絵カード）

ろにカードを貼ったりして、繰り返し行いひらがなの読みと書きの学習をしていきました。

また「あのつくものなあに」、「いのつくものなあに」では、知っているもの、教室にあるものを探していってもらいました。

あのつくもの……あめ、あり、あし、あたま、あんこ。

かのつくもの……かめ、かれー、かさ、かわ、かば、かに、かたつむり。

この時間になると、子どもなりに考え、友だちと競争してどんどんいうようになりました。

恭二君も積極的に手をあげていいました。ときどき子どものいったことを絵に描きそこに字を書いてもらいました。

このようにして、ひらがな一音一字からものの名前の二字、三字にひろがり、読みと書きを行うことによってひらがな清音が正確に書けるようにしてきました。ものの名前がしっかり覚えられると、しりとり遊びもできるようになり、授業のはじめには、しりとり遊びを楽しむようになってきました。

2 「きのうのこと」をみんなの前で話す

ひらがなの授業と並行して月曜日の一時間目には「きのうのこと」を話してもらうことにしました。まず先生から「きのうのこと」を話します。

きのうのこと

おおたかやすこ

きのう、こいわにばすでいきました。

ようふくとやさいをかいました。

つかれて、あしがいたくなりました。

話したことを黒板に書きました。すると、子どもたちも「そのくらいなら、ぼくもはなせる」というように、つぎからつぎと手があがりました。前に出て話すことは、とてもうれしいらしくみんな意欲的です。発表する人の名前を書いて、「きのうのこと」を話したとおりに私が黒板に書いていきます。話がはっきりしないところは、私が聞き直し、話をつづけてもらいました。話がやや不正確でも、そのまま黒板に書きます。そして、書いたことをもう一度本人に読んでもらいました。黒板に書いてあることを一字一字ひろい読みするうちに読む力もついてきました。

恭二君は、五月の連休に家族で出かけたことを

「おかあさん、おとうさん、きょうちゃん、ねえさん、いったの。」

「だんごさんきょうだいかったの。」

と話してくれました。

恭二君の家族は、五年生のお姉さん、お母さん、お父さん、本人の四人です。家族旅行は楽しいことがいっぱいあったのでしょう。「きのうのこと」を話すときも楽しかったことが伝わってくるようないい表情で話してくれました。

3　助詞を使って話す、書く

そして授業では、助詞の学習を取り入れました。説明する力を身につけるために助詞の「は」の指導に力を入れました。[は]を使う例文を日常生活のなかから取り上げ、「きょう□かようびです」。と黒板に書き、□のなかに[は]のカードを入れさせたりして、文のなかのどこに入れるのかを指導しました。

わたし[は]おんなのこです。ぼく[は]おとこのこです。ぼく[は]にっちょくです。にっちょく[は]ぼくです。おとうさんのくつ[は]おおきい。

つづいて「を・に・の・が・と」などの格助詞の指導もこのような方法でつづけました。恭二君一人を相手に個別指導もしますが、多くは集団のなかで恭二君もふくめて指導しました。すると、しだいに、助詞が正しく使えるようになってきました。

二学期になり、月曜日に「きのうのこと」をみんなの前で話すことは、子どもたちも「話したい、みんなに伝えたい」と楽しみにしているので、いつものようにつづけました。それと、火曜日から金曜日は、朝の会が終わった後自分のノートに「きのうのこと」を書くようにしてきました。クラスの子のなかで自分でさっと書き始める子、先生のところにノートをもってきて見てもらいたい子、なかなか書こうとしない子もいました。書けない子には私が、連絡帳を読んで「きのうのこと」を聞き出し、いっしょにお話ししながら書いていきました。このような状態から日記を書くということが習慣化し、みんなに知らせたいなあと思うときは、前にきてノートを読んでもらいました。

恭二君は、助詞が使えるようになり十月にはこのように書いています。

だいえ（ダイエー）にいきました。

めだるげーむをしました。

十一月には、

びばさんばをおどりました。

じうこや（じゅうごや）さんのもちつきをしました。

この作文は、音楽で「サンバ」の曲にあわせて楽器をならし踊ったこと、「じゅうごやさんのもちつき」の手遊びを友だちと向かい合ってシャーン、シャーンと手をたたくリズムに合わせたことが楽しかったようで、そのことを書いています。「きのうのこと」がどんどん書けるようになってきました。一月には恭二君が「よるごはんをたべました。」と書いてきたので、私が「夜ご飯は何を食べたのですか」と質問すると、「ちょこぱんをたべました。」と書いてくれました。さらに、「ちょこぱん何個食べたのですか」と質問すると、「4こ、ぎゅうにゅうものみました。」と書いてくれました。「きのうのこと」を自分で書くようになり、書くとノートを私のところにもってきて、私と話したり、○をつけてもらって「書いた」という気持ちを締めくくっていました。恭二君も、短い文ですがよく分かる文が書けるようになってきました。

この頃生活面では、お母さんと登校してきていたのを校門でお母さんと別れ、教室まで一人でくるようにしました。また、二〇分休みになわとびをしていると、恭二君も友だちの跳ぶのをみてするようになりました。大なわとびでは、なかなか一人では入れず背中を押してあげるとうまく入って跳べるようになりました。みんなと遊べるようになってほしいと思っていたところ、なわとびをきっかけに「ハンカチおとし」も友だちと遊べるようになってきました。友だちを意識したり、友だちのまねができるようになって、生活面でもかかわりが増えてきました。

この一年間で「きのうのこと」をテーマにお話をしたり、助詞を使って作文が数行書けるようになりました。恭二君の「こだわり」を認めながら、授業に集中させるように工夫してきました。このように先生に受けとめられているということが、恭二君にとっても安心して授業に参加でき、集団での学習をとおして確実な力をつけてきたのだと思います。

このような指導のなかで、ことばの発達が人間関係を豊かにし、また人間関係の豊かな生活が、ことばの発達になっていく相互関係をこれからとくに大事にしていきたいと考えています。

（この項の担当：大高やす子）

十六 「ました。ました。」と書く作文

1 あしたのこと、きのうのこと

自分がしたことを「ました」で書くのは、あしたのことがいいか、きのうのことがいいか、カードを選ばせてみました。

カードをつぎのように並べました。

きのう

ぼく は

プール に

いきます　いきました

「どっちのカードにしようかな。」

と考えるふりをすると、良夫君は、

「こっちにする。」

といって、いきましたのカードをはりました。私は、

「こっちがいい。」

と、いきますのカードをとると、

「だめ、おかしい。」

と、良夫君はゆずりません。

「良夫君、正解。」

と握手すると、

「やったぞう。」

と、満足そうです。

あした

ぼくは

プールに

いきました。

このように、私がカードを並べると、良夫君は、

「だめ、こっちがいい。」

といって、いきますをもってきて取りかえました。

「して終わったこと」「これからすること」と説明しても、良夫君にはむずかしいのですが、「きのう」のこと、「あした」のことにすると、理解しやすかったようです。

2　遠足の作文の実践

水族館へいきました。朝から雨が降っていますが、バスなので安心です。良夫君はカメに心をひかれて、ずっとカメのそばにいました。

つぎの日、遠足の作文を書きました。鉛筆をもつと、「きょうは」と書き出しました。遠足の日の朝の気持ちになっているようです。

「きょう(は)　これ、くっつきですよ。〇をつけますよ。」（「助詞」のことを「くっつき」と教えている）

といって、「は」を〇で囲むと、「あめです」と書きました。とてもすばらしい文になりました。私の問いかけに、良夫君は少しずつ思い出しながら、次のような作文を書きました。

えんそく

よしお

①きょう㊕　あめです。
②すいぞくかん㊁　いきました。
③おきな　かめに《と》　にらめっこ㊔　しました。
④かめ㋕　バタバタ　およいげる《でいました。》
⑤かめ㋕　いかの　えさ㊔　たべた。
⑥ぼく㊕　えさ㊔　なげました。

②と③は、自分のしたことなので、思い出しがスムーズにできました。そして、ことばをえらんで書きました。

ところが、④の文を書くとき、

「かめ㋕　どうして　いたかな。」

とたずねても、なかなかことばが見つかりません。私はかめが泳いでいる格好を身振りでやってみました。何回も繰り返しました。やっと「バタバタ」がことばになりました。

⑤の文のとき、
「かめが　えさを　どうしましたか。」

「たべた。」

と、思い出して書くことができました。

⑥の文では、
「ぼくは　えさを　どうしましたか。」

「たべた。」

「えっ、ぼくは　えさを　たべたの。」

「あっ、ちがった。」

と、良夫君は大笑い。自分のことと、かめのことを分離してとらえています。自分の動作の「なげる」という単語が出てきません。

「ぼく(は)　えさ(を)」「ぼく(は)　えさ(を)」

といっては、投げる動作を繰り返します。やっと「なげました。」が出てきました。

良夫君の日常のくらしで、あまり使わないことばは、すぐには思い出せません。動きをまねたり、身振りをしたりして、どうにか誘い出すことができました。良夫君は、「バタバタ」「なげる」という二つの単語を使うことができたのが、とてもうれしいようです。バタバタ泳いでいるかめと、いかのえさの絵をかきながら、ご機嫌です。

かめのつぎに気がかりなのは、お弁当です。雨が降っているので、バスのなかで食べました。つぎの文を読んでやりました。

おべんとう

ぼく(は)　シート(を)　ひらきました。

バス(の)　中(で)　おべんとう(を)　たべた。

ミニトマト(と)　たまごやき(と)　おむすび(と)　にくだんご(と)　きょうり(を)　たべました。

お茶(を)　2はい　のみました。

「ぼくのおはなしですよ。」

といいますと、良夫君は、「ぼくは」と書き始めました。

「ぼくは⃝　どうしましたか。」

と、「は⃝」のように○で囲みました。

「どうしましたか。」

と聞かれて、良夫は「シートを⃝」と書きました。

「うん、そうそう。シートを⃝」

「えーと、ひらきました。」

「ひらきました、ひらきます。どっちがいい。」

「ひらきました。」

「ぼくは⃝　シートを⃝　ひらきました。よくわかるよ。それから、どうしたの。」

「たべた。」

「なにをたべましたか。」

「おべんとう。」

良夫君は、このように書いていきます。

「なにと⃝　なにを⃝　たべましたか。」

とたずねますと、

「――と⃝　――と⃝　――と⃝　――を⃝　たべました。」

と、食べたものを一つひとつ思い出して、㋣で結びました。そして、

「たべました、がいい。」

と、自分からいいました。


「動きが終わったことは『ました』で書く、まだ終わらないことは『ます、です』で書く」

という説明は、良夫君には通じません。文を書きながら、

「ました、ます、どっちがいいかな。」

とたずねられて、自分のことを思い出したとき、「ました」がいいと、体に感じるようです。

今は私がそばで、思い出しを援助しているから、良夫君はがまんして思い出しの努力をしています。一人では、まだ書けないのですが、このような努力を日々重ねていくことは、良夫君にとって、大きな力になると思われます。表現はつたなくても、自分の生活を見つめ、書く力が身についていくことは、これからの良夫君の成長をささえていくことになると思います。


（この項の担当：中西弘子）

十七　自分のことばで自分の気持ちを

松本直久君は、現在小学三年生です。入学当時は動きまわり、注意されたり気に入らないことがあると泣き騒いでいました。ちょっと目を離したすきに危険な行動もするので先生がいつもついていなければなりませんでした。ことばの面では、話しかけてきたり、質問に答えたりすることができず、「これなあに」と聞いても「これなあに」と「おうむ返し」に答えることしかできませんでした。

松本君が書いた詩・作文にもとづいて、三年間にわたる指導経過を振り返ってみたいと思います。この実践記録は、あくまでも松本君の歩みであり、自閉症児の指導一般にあてはまるものではありませんが、これからの自閉症児の指導に少しでも役に立てばと思いまとめてみました。

1　一年生のときの指導―口頭詩・口頭作文の指導をとおして―

入学して二、三カ月は動き回ったり泣き騒いだりしていましたが、学級になれてくるに従って少しずつ学習に参加できるようになりました。学習に集中できるようになると着実にひらがなを覚えていきました。指導としては、一字ずつ読むことと書くことを同時に教えていきましたが、ひらがな指導が三分の二程度すすむと残りは一気に覚えることができました。

三学期になると、二文字、三文字のことばもまとまりで読めるようになり、書く方も「みかん」と書いてごらんというと「みかん」と書くことができるようになりました。しかし、「これなあに」と質問しても「これなあに」と繰り返すだけで、指示されたものの名前をいうことができないのです。なかなか話すことと読んだり書いたりすることが結びつかないのです。そこで、簡単な質問に答える、行動したことを話すことを重点にして、口頭詩・口頭作文の指導を行いました。まず、どのように話したらよいのかを決めてあげることが必要だと考えて、「ぼくは……しました。」という形で発表することを教えました。数カ月指導をしていくと、発表の仕方を覚え、行動したことと話すことが少しずつつながってきました。発表するときは、遊んだり、観察した直後の記憶・印象が強く残っている間に話をさせるようにしました。松本君は、二〇分休みが終わって教室に帰ってきた直後につぎのような口頭作文をつくりました。

ぼくは、てつぼうであそびました。
ぼくは、はしりました。
べるがなったので、かえりました。

「ぼくはどうしたの」「それからどうしたの」と聞きながらことばを引き出しました。その頃松本君は、チャイムがなると遊びをやめて教室に帰ってくるようになったので、私が「ベルがなったのでどうしたの」と聞くと「かえりました」と答えてくれました。

しろかぶ
ぼくは、ほりました。
しろかぶをとりました。
あかかぶをとりました。
むしめがねだから、

おおきーい。

この口頭詩は、学級の畑でかぶを収穫した後につくったものです。「むしめがねだから」まではスムーズに話せましたが、最後のことばがなかなか出てきません。そこで、もう一度畑にいってじっくりと見てきました。それでやっと「おおきーい」と話すことができました。むしめがねで見えたことを「おおきーい」と表現することで、見たこととことばが一致してきました。

自閉症の子どもは、質問に答えたり会話をすることが苦手で、わからないとすぐに「おうむ返し」になり、わかっているようで意外とことばの意味が理解できていないことが多いのです。松本くんの場合、口頭詩・口頭作文の指導をとおして、見たり行動したりしたこととことばの意味・使い方を結びつけることができたといえます。

2　二年生のときの指導―事実を文にする―

①話したことを文にする

文字が書けるようになると、話すようにつぎからつぎへと文字を書き連ねるようになりました。しかし、作文を書いても題名と内容が一致しません。

二〇ぷんやすみ

ぼくは、かめんらいだブラックのビデオをかいました。あきやまくん、しだくん、おおたかせんせい、まつもとをおこらないでください。ひさし、おおたかせんせい、せいゆをいきました。

この作文は、二〇ぷんやすみという題名を決めて、書く前に私が「二〇分休みどんな遊びしたの」「だれと遊んだの」「どこで遊んだの」などといろんなことを聞いてから書いたものです。質問に対しては、「すなばであそんだ」、「しだくんとあそんだ」と答えているのですが、文にすると題名に関係のない内容になってしまいます。
この時期の指導としては、書き始める前に遊んだことや楽しかったことをたっぷり話をしてから、文に書き表すようにしました。
つぎの二つの作文は、近くの猿江公園にいって、遊んだ後に公園のベンチに座って書いたものです。

さるえこうえん

ゴルデンのかさいのゆうことおしています。テプデゴルデンをかいました。ぼくはかえりました。くらいのか、ジェットマンやソルブレンやかっこいでてぶをかけました。がっこうからぶきをしました。かっこもてかえりました。おかあさんおむかえいていました。でんしゃにのりました。スカイラクでいきました。たべました。かえりました。ビデオをみました。おとうさんやひさしくんもねました。

さるえこうえん

ブランコであそびました。なおひさくんであそびました。たのしかったの。はともおいかけました。はとはにげてしまいました。たいやものりました。ゆらゆらてしました。たのしかった。どうなつがほしいとなきました。

前の作文は、題名だけ決めて自由に書いたもので、題名に関係のない内容になっています。後の作文は、私の質問によって、事実をたしかめたり、ことばを引き出しながら書いたものです。私が「どんな遊びをしたの」「楽しかった」「鳩がいたね、どうしたの」「それからどんな遊びをしたの」「まつもとくん泣いたでしょう、どうして泣いたの」などと質問して、どんなことをしたのかをはっきりさせました。質問に答えられないときは、

「〜したでしょう」と思い起こさせるようなこともしました。

このようにすると、遊んだことだけでなく、鳩をおいかけたり、ドーナツがほしいと泣いたことなども書き表すことができました。

②短い文で事実を書く

話しかけや質問によって、書くことをたしかめながら書いていく指導を積み重ねていくと、少しずつ「題名と関係のないパターン化した文」から脱して、短い文で自分がしたことを書くようになってきました。「ぼくは……しました。ぼくは……しました。」という自分を中心にした書き方ができるようになりました。つぎの作文はその時期に書いたものです。

キックやきゅう

ぼくはキックやきゅうであそびました。サッカーボールであそびました。あきやまくんとサッかをしました。ぼくはキクをしました。なおひさくんとボルであそびました。

そして、二学期が始まってすぐに夏休みの思い出についてつぎのような作文を書きました。

ガムシコウエン

ぼくは、アミでガムシをトリました。かごをしまいました。ぼくはあそびました。ハナトコないていました。ひさしは、とうさ（んと）いました。そして、いました。ミズカマキリこうえん　ひをまてとスへといいました。

「ガムシコウエン」は、自分でテーマを決めて、しかも行動の直後ではなく思い出して書いています。松本君のいいたいことがわかるまとまった文章になっています。これまで指導してきた「事実を書く」ということが定着してきたことがわかりました。

③自分のことばで書く

当時の作文を読み返してみると、二学期の十月から十二月にかけて内容が大きく変化していることがわかりました。十月の運動会の後につぎのような作文を書いています。

うんどうかい

ぼくは、こいずみとしお（とおどりました）。ぼくはクレヨンシンちゃんのしいりをもってきました。ぽん、グリーン、ブルー、たいそうをやりました。まつもと、こいずみでした。あきやま、ゆうすけもぼくは、くれよんしんちゃんのしいりをもちました。ぽん、あか、きいろ、たいそうをやりました。まっちゃんでした。おおたかせんせいでした。うんどうかいでした。かさいは、といたかとこといませんでした。

運動会で、大きなぽんぽんを両手にもって「クレヨンシンちゃんのダンス」をしました。「しいりをもってきました」というのは、CDをかけて踊ったことです。そして、松本くんはグリーン、小泉くんはブルー、秋山くんんは赤、ゆうすけくんは黄色のぽんぽんをもって踊ったのです。最後の「かさいは、といたかとこといませんでした。」は、「葛西先生は、どこへ行っていたのといいませんでした」という意味です。葛西先生は松本君がいなくなると「どこへいっていたの」と聞いていたのですか、今年の運動会は、落ち着いて参加でき「どこへいったのといわれなかった」ということを書いているのです。

さらに、十一月にはつぎのような作文も書きました。

ちゅうしゃ
ぼくは、まつもとなくなとおこられました。
ぼくは、あかくなって、インフルエンザにいきました。
ちゅうしゃをしました。
だいじょうぶだった。

松本君は、注射のとき学校中に響き渡るくらい大泣きします。先生が「松本君泣くなよ、がんばれよ。」と励ましたことが、「おこられた」と思ったようです。「あかくなって、インフルエンザにいきました」は、緊張してお医者さんに注射をしてもらったことが表現されています。最後の「だいじょうぶだった」は「ぼくはがまんして泣かなかった」という気持ちが込められています。

自閉症の子どもの多くは、ひとつの書き方を覚えるとそれがパターン化する傾向があり、いろんな表現の仕方を習得するためには指導の積み重ねが必要となります。また、自分の気持ちを率直に表現することが苦手です。しかし、二つの作文を読んでみると、ことばの使い方や行間から心の動きが読みとれる表現になっており、成長の手応えを感じることができました。

3　三年生のときの指導―あらたな指導課題―

学年がすすんでいくに従って、自閉性障害と学力との間のギャップと矛盾が生まれてきました。それは、個々の学力を見れば、文章が書ける、計算ができる、絵が描けるなどの力をつけてきましたが、それらが総合されて自閉症児の弱さである人とかかわる力（コミュニケーションの力）や集団のなかで活動できる力（集団性、社会性）に転化・統合されずに、パターン化した行動を繰り返しているということです。あらためて、指導のむずかしさを痛感しましたが、いっそう授業をとおして人とかかわることや集団での学び合いを意識して指導するようにしました。

①文章に即して読み取りの指導をする

読み取りの指導は、二年生のときから重点的に行ってきましたが、三年生になってもう一度「こくご1」（江口季好著）の教科書を使って系統的な指導をしました。たとえば、「きのう、おかあさんと、おつかいにいきました。にくをかいました。」という文を何回も読んで、「いつ行ったのですか」「だれと行ったのですか」「なにを買ったのですか」などの質問をして答えさせるようにしました。また「だれが」という質問が苦手なので、給食などで「おかわりしていいですか」といってきたときには、「だれがおかわりをするのですか」と聞くようにもしました。長い文章の読み取りはできませんが、二〇〇字程度の文章であれば読み取れるようになりました。自分の世界だけでなく、自分から離れた文章の世界でも考えられるようになったのは大きな変化だといえます。

②自分の気持ちを書く

三年生になってからはつぎの段階の書き方を指導するのではなく、現在の書き方を充実させるために、教師が話しかけたり、質問したりしながら松本君の心の動きや感情を引き出すようにしました。つぎの作文は松本君の気持ちがよく表現されています。

サイコバケーション

ぼくは、おでんふうふうたべたいねと、フープをよこにふりました。すいかたたいて、こうりたべたらと、4かいとびました。ピンクのきんぎょをやりました。7つのうみをとびました。ヒューンをやりました。てをたたいて、チャチャをやりました。はやくとびこみなつやすみと、フープを4かいとびました。6ねんせいがまわしました。パーをやりました。

この作文は、運動会でのダンスを書いたものです。ダンスのことだけにしぼって、自分が踊ったことを順序だてて書いています。歌と踊り方がいっしょに書かれているのでダンスのようすがよくわかり、とっても楽しい作文になっています。直接的な表現で気持ちを書くのではなく、詳しく書くことで自分の気持ちを表現しています。

おかあさんのこと

おかあさんが、おふろにはいりました。
おっぱいをきがえました。
「おっぱいがいっぱい」をうたいました。
おかあさんが、
「なおちゃん、さわっちゃダメ。」
と、いいました。
おっぱいさいしゅうかいをしました。

面談でお母さんと話したときに「おっぱいに触ることがあるので注意をしています」ということを聞きました。そんなこともあって、「お母さんのことを書いて」というとこのような作文を書いてくれました。松本君は、

「お母さんのことを書いて」といわれたとき、おっぱいを思いだし、「おっぱいがいっぱい」という歌をうたいだしました。「おっぱいのさいしゅうかいをしました。」という文は松本くんらしい表現ですが、注意されたのでこれで終わりにしたという意味です。松本君のおっぱいにたいする思いとともに、お母さんとのあたたかいやり取りが伝わってくる作文です。いつでもこのような作文を書けるというのではなく、同じような内容をたくさん書いて、そのなかで自分の気持ちを表した作文が書けるようになってきたのです。

自分の気持ちを表現することが苦手であればあるほど、子どもの立場に立って気持ちを読みとり、励ましつづけることが大切です。「うれしい」と一言書いても、そのことばのなかにはたくさんの思いや願いが込められています。ですから、子どもが書いた詩・作文は、表現がたどたどしく意味が判読できないところがあっても、そこには子どもなりの深い意味をもっているのです。自閉症の子どもたちが自分の気持ちを表現することに困難を抱えているのであれば、いっそうことばにこだわり、書くこと・表現することにこだわった指導をしていきたいと思います。

（この項の担当：大高一夫）

十八　詩の指導

詩は情緒的な言語表現なので、情緒障害児・自閉症児といわれる子どもたちに詩を書かせることはそもそも無理なことではないかという考え方があります。しかし、じっさいに指導してみて、私はそうは思いません。『古今和歌集』の假名序に紀貫之が、「いきとしいけるもの、いづれかうたをよまざりける。」と書いているように、詩はどんな子どももみんな書くものだと思います。それには、やはりことばがいえて文字が書けるように育てなければなりません。

私といくらか話せるようになり、きのうどんなことをしたかが少しいえるようになり、ひらがなで二語文が書けるようになると、日記を書かせ始めました。そして、自分からいわないではいられなくなって私に話しかけてくるようになると、そのことを私に話すような文で書くようにしました。これは心に強く感じていることなので詩的な題材です。しかし、自閉症児の子どもはじつに個性的な表現をします。

パパ　　四年　松浦晋平

パパがねつ。　パパがねつ。
パパがねつ。　パパがねつ。
パパがねつ。　パパがねつ。
パパがねつ。　パパがねつ。
パパがねつ。　パパがねつ。

パパがねつ。　パパがねつ。
パパがねつ。　パパがねつ。
パパがねつ。　パパがねつ。
パパがねつ。　パパがねつ。
パパがねつ。　パパがねつ。
ゆきが　ふりました。

えぐちせんせい　四年　あべたかゆき

えぐちせんせい
ぼくは、なきました。
だいじょうぶ。
しんぱいしない。
NHKがくえんたいへんだ。
きにしない。
こうふんしない。
とうしばジャンケンポン。
グー、チョキ、パー
グーは、グラタン。

チョキは、チョコレート
パーは、パパイヤ。

まさとぶった×　三年　井上なおき

てでぶった。
なおきでぶったよ。
えふをしました。
まさとをさようなら。

「パパがねつ」は「パパがねつ。」といいながら一人でぐんぐん書きつづけた作品です。この表現面にお父さんの病気を心配している晋平君の気持ちがあふれているようです。

「えぐちせんせい」は、朝から私にまつわりついて「えぐちせんせい。えぐちせんせい。」といってきたので「先生にいいたいことを書きなさい。」といって自由に書かせました。うちで泣いたことを書きたかったようですが、どうして泣いたのか、わかるようには書いてくれませんでした。「だいじょうぶ。しんぱいしない。」はお母さんのことばのようでした。ここまで書くと、自分の頭に浮ぶことばを書きつづけたようです。

「まさとぶった×」は、なおき君がまさと君にぶたれたことを書きました。「まさとをさようなら」というのは「もう、そばにいかない。」ということです。「えふをしました、ってなあに。」と何回もききましたが「えふをしました。」というだけで、わかるように話してくれませんでした。私は十年たった今でもこのことばの意味がわからないので気になってしかたがありません。

そして、このような段階から、それぞれに詩らしい表現ができるようになっていきました。六年生のときの作品を実筆でご覧ください。(私が表現について注意しながら書かせたものではありません)(この項の担当：江口季好)

コスモス

井上なおき

あかむらさきのコスモスを
ふっーってふきました。
とんでいきました。
コスモスのはなをみました。
コスモスのはなをみていました。
コスモスはゆらゆら
ゆれていったの。

きのうのこと

安部貴之

ろじのおやつたべた。
かレーライスたべた。
サザエさんをみた。
よるごはんたべた。
かんでたべた。
おふろをはいった。
おかあさんとはいった。
おゆをかけるだけね。
ねました。
ひとりでねました。
なかないね。

はたらいてる人

松浦晋平

はたらいてる人いました。
どうろこうじしてた。
よいしょ。
よいしょ。
はたらいてる。
あせかいてる。
のぼりった。
おこられた。

十九　見たこと、感じたことを詩に表す

村島由真さんは、現在小学三年生で自閉的傾向のある子です。一年生のときに自分の靴下に水がちょっとこぼれただけで大騒ぎをしていました。「ぬれたら乾かしてあげるから待ってて！」といっても、ますます大きな声で「靴下買ってきて」と、大きな声で泣きわめき、周りにある物を投げ出す始末です。パニックになると何をいってもダメなので隣の教室で泣くのが収まるまで待つという状況でした。

三年生になって、四月当初お母さんからの連絡帳には「新学期になりはりきっています。新しい年度になると今までも最初はおとなしかったと思います。しかし、まだ自分の物へのこだわりが強く、爆発することもあります。」と書かれていました。ある日、「帽子がない」と大騒ぎ。そのときの声の大きさは学校中に響き渡り、担任としてどうしようかと考え、まずは静かな声で話すようにしました。そして、「そんなに大騒ぎをすると心臓がドッキン、ドッキンして驚くよ」と心臓に手を当ててみるなどの試みをしました。解決策があるわけではありませんが、間をもって冷静に対応してみました。帽子が見つかると、あんなに大騒ぎしていたのが何にもなかったようにケロッとしています。本人にとっては「帽子がない」ということで不安になり、このように泣きわめくのです。翌日、話をするとよく覚えていて、つぎのように作文を書きました。

きのうおおなきをしました。

ゆまは、あおいぼうしをなくなっています。（なくしました）

ぼうしはありました。

このように自分がしたことを作文に書き自分の行動を振り返ることができました。また、日直だった日の朝、教室にきて「ノートがない」と騒ぎ出しました（声はふつうになりました）。ノートがないので今にもパニックになりそうです。そこで、担任が日直の仕事として、①今日の予定を黒板に書く。②せいかつ表を書く。③ノートをさがす。と黒板に書きました。少々不満そうな表情でしたが、黒板の字を目で追ってそれに従って行動できました。物がないから泣くという行動から、先生といっしょに探すというように間をもった行動ができるようになりました。

由真さんは、文を書くことで考え、気持ちをコントロールできるようになってきました。そんなとき、詩の指導を始めました。

最初は「こくご1」に載っている詩をみんなで読み、ひとりでも何回も読みました。そして読んだ後、題を付けるとしたらどんなのがいいのかを話し合いました。たとえば、つぎのような詩では、

　みすずさんは、
　おかあさんの　かたを
　たたいて　あげたので、
　あめを　もらいました。
（「こくご1」より・同成社）

みすずさんの役になったり、お母さんの役になったりして、動作をしながら題を考えました。「あめをもらったから、『あめ』がいい」、「みすずさん、かたたたいてくれてありがとうだから『みすずさんありがとう』がいい」というように、詩を味わってタイトルを付けました。毎時間、いろんな詩を大きな声を出して読み、詩の楽

しさをたっぷり味わいました。

そして、みんなが共通に経験したことを題にして詩を作りました。

きゅうしょく

はやく　てまきずしたべたいなあ。

はやく　べんきょうおわる。

この詩は由真さんが書いたものです。給食に手巻き寿司が出る前の時間に、「わあー、たのしみ」という声とともに、さっと書きました。早く、早く食べたいから、勉強終わってという気持ちが表されています。

また、学級の友だち同士で家でどんなお手伝いをしているのかを話し合いました。「かたづけ」「そうじ」「かたたたき」「おちゃいれ」などいろんなお手伝いをしていることが話されました。由真さんはつぎのような詩を書きました。

おてつだい

そうじきでゴミをひろう。

ぞうきんでほこりをふく。

おもちゃをかたづける。

ほんをかたづける。

きれいにする。

きもちいい。

どんなお手伝いをしているのかがよくわかります。そして、最後の「きもちいい」ということばに由真さんの

「掃除をしてきれいになってよかった」という気持ちが表現されています。お手伝いの後「お母さんは何ていったの」と聞くと、「ありがとう由真、きれいになったよ」といってくれたと話してくれました。お母さんと由真さんのほのぼのとした様子が伝わってきます。

はみがき

はぶらしもってゴシゴシゴシ
上をみがいて
下をみがいて
まえばをみがいて
おくばをみがいて
コップの水で
ブクブクブクペェー
むしばはありません

毎日給食の後、歯みがきをしています。先生は鏡を見て磨きなさいといっています。由真ちゃんは鏡を見ててていねいにゆっくり磨いています。歯みがきをしているときの様子がそのまま伝わってくるリズムのある表現です。給食後の歯みがきは、みんなでいっしょに磨くからとても楽しいひとときです。

はっぱ

村島由真

はっぱは、おちる

はっぱは、あかになる
はっぱは、木になる
はっぱは、ひらひらおちる
わたしは、はっぱがすきです

朝の会や二〇分休みには、樹木、草花、葉っぱ、虫などに目を向けるように声かけをしてきました。だんだん寒くなり、葉っぱも色がついたり、見ているとひらひらと落ちたり、変化が目に映るようになってきました。国語の時間に校庭に出て、落ちている葉っぱから自分の好きなものを五枚拾って教室にもち返りました。「いろんな形いろんな色の葉っぱがあるね」と話し合ってから書いたものです。

ドッジボール
あしをたかくあげる
はしってにげる
ボールコロコロ　ビューン

体育のころがしドッジボールは、硬いボールでやっていました。あてられるのがいやで、「ドッジボールきらい」と大きな声で怒っていました。ところがやわらかいボールにするとあてられても怒らなくなり、友だちといっしょに楽しむことができるようになりました。「はしってにげる」という文にそのときの気持ちが表されています。

このように詩を書くことが好きになり、何か気づいたことがあると自分から「詩を書こうか」と、教室から見える木や校庭の自然、経験したことをタイトルにしてどんどん自分の気持ちを詩に表すようになってきました。

そして、学習面だけでなく、パニックになりそうなときにも変化が見られてきました。

ある日、ふで箱を忘れてきたときも、
由真「先生、ふで箱がないよー。」

先生「そういうときはどうするんですか。」

由真「先生、えんぴつとけしごむかしてください。」

先生「はいわかりました。ちゃんといえてえらいですね。」

このようにパニックを起こさず、自分で探したり、先生に伝えるなど、自分の気持ちがコントロールできるようになってきました。

情緒的なことをゆっくりと書く詩の指導で、外界を見つめ、自分の行動や生活を見つめることができるようになると、生活行動も落ち着いてくるのではないかと思います。これは詩というものの効用なのでしょうか。


（この項の担当：大高やす子）

第4章

ことばを豊かに

一　助詞の指導（格助詞・接続助詞）

1　格助詞

『ことばを生きる力に』（同成社刊）の二二ページには「こうえん」という題の松浦晋平君の日記が載っています。

こうえん　　松浦晋平

こうえんをあそびました。
おかあさんをしました。
おすなばをしました。
てつぼうをぐるぐるをしました。

このページの解説に、私は「低学年のころ、松浦君は人の顔や電車の絵を一日に三十枚ぐらいかいていました。そうすることで多動な日々が落ちつきました。文が書けるようになると助詞の指導に力を入れました」と書いています。

自閉症の子どもが文字を書けるようになって文や文章を書き始めると「こうえん」の日記のような助詞のまちがいがめだちます。助詞の誤りだけでなく、主語と述語の非対応や「あしたはプールで」といって先をいわせると「およぎました。」などと時間の流れにあわない過去形の表現をしたりします。

私は単語を習得してこのような段階になったころ、さまざまな助詞の指導をしました。はじめはつぎのような指導をしました。それは「おかあさんをしました」というような文の誤りを理解させるためです。まず、格助詞「が」の指導です。

私が「おかあさんが」といって、私の前にいる数人の子どもに、つづけていわせます。

・おかあさんが（みかん買ってきた。）
（うん。うまい。まる。）
・おかあさんが（おこった。）
（うん。いいね。すごい。）
・おかあさんが（しんだ。）
（おかあさんは死んでない。おかあさんが――。）
・おかあさんが（いない。）
（きのう、いなかったの。いいね。つぎ。）
・おかあさんが、テレビです。
（うーん。おかあさんがテレビを――。）

こういう対話をしながら黒板に正しい文を書いて、みんなに読ませました。そして「おかあさんの」「おかあさんに」「おかあさんと」など、同じ方法で授業をつづけました。

また『こくご1』（同成社）の三五ページまで学習したころ、つぎのような文をプリントして○に助詞を書かせました。

〇の　なかに　じを　かきましょう。

・かめ〇　こ。いし〇　うえ。
・え〇　かいて　いる　ゆりこさん。
・あきらくん〇　はしる。
・いす〇　つくえ。
・こうえん〇　いく。

そして、格助詞の「の・を・が・と・に・へ」、副助詞の「は」の入った文を学習したあと、『こくご1』の四五ページのような問題をいろいろとプリントして、〇のなかに助詞を入れる学習をすすめました。教材は何回か紙しばいでやった物語を利用しました。

・おじいさん〇　かぶ〇　うえました。
・おじいさん〇　かぶ〇　ぬこう〇　しました。
・おじいさん〇　おばあさん〇　よんで　きました。

また誤りをただす学習もしました。

・がっこうが、べんきょうしました。
・りんごの　たべました。

※黒板に「と　に　で　を　や」と書いて遊ばせたり、自由に誤りをただださせたりします。

・でんしゃと　のりました。
・えんぴつで　ゴムを　かいました。
・赤を　白の　花。

格助詞のこのような指導は初歩的なので軽い自閉傾向の子どもは喜んで学習します。さらに「が・で・へ」などの格助詞もくわえて、このような方法で、クイズ的なやり方も入れてすすめると楽しく指導できます。

2　接続助詞

自閉症児にとって、接続助詞を適切に使うことはたいへん苦手のように思われます。そこで、私は生活のなかで「これはよい指導のチャンスだ。」と思われるときは力を入れて指導しました。

・今日は、雨が降ったので、遠足に行けません。

というような文を黒板に書いて、事実や体験とともに「ので」とともに「から」も入れて、原因・結果・理由を生活に結びつけて「雨が降ったこと」と「遠足に行けないこと」の上下の表現を一つの表現として理解し、またこのように他の例でもいえるように指導しました。

「ころんだので」

と黒板に書いて、これはつづくことばをいわせるのですが、自閉症以外の子どもたちがよく発表するので、自閉症三人だけの部屋で指導したりしました。そして「――けがをしました。」「――なきました。」「――ほけんしつに行きました。」などと、体験に結びけて表現させました。

ところで「ので・から・ば・と」などは順接なのでかなり理解しやすいのですが「でも・でも・けれど・けれども・のに・が」などの逆接はむずかしいようです。私は自閉症児に学級でかなり作文を書かせて、逆接の指導もしてきましたが、今読み返しても逆態の文を自分で書いているのはほとんど見あたりません。しかし、この指導は思考力を伸ばすうえで欠くことのできない大切な指導内容ではないかと思います。

逆接の指導の場合、私はたいてい接続詞で指導していました。通常の国語の授業でも、接続助詞の指導よりも接続詞を多く扱っているのです。それは教材文に、一つのセンテンスが終わって、つぎの文のはじめが「しかし」「でも」「すると」「だから」「けれども」「それから」「そして」「また」というような接続詞がたくさん使われていて、接続助詞はあまり出ていないからです。

「スイミー」にこんなところがあります。

> こわかった。さびしかった。とても　かなしかった。
> けれど、海には、すばらしい　ものが　いっぱい　あった。

「さびしかった。とても　かなしかったけれど、海には、すばらしいものが――」とはなっていません。「けれど」は接続詞として出ていて、接続助詞としては出ていません。

接続助詞を使って書くとセンテンスが長くなります。それは必然的に思考力の接続が必要となり、自閉症児には困難なことです。しかし、この困難さを乗り越えさせることは、この子どもたちのはかり知れない成長が、約束されることではないかと思います。

私は子どもが文を書く前に、逆態になる接続助詞を使った文を口頭作文としていわせて、書かせるような指導をしてみたいと思っています。

・ゆう君をよんだけれども教室にはいってきませんでした。

・ぼくが読んでも先生はほめてくれませんでした。

実践の方法はいくつかあると思います。接続詞を使って書かれている文を、接続助詞を使った文に書きかえさせる指導も効果的かも知れません。

・走って行ってころんだ。でも、けがはしなかった。〈走って行ってころんだけれどもけがはしなかった。〉

・まちがえないように気をつけてピアニカをひいた。けれども、さいごの方でまちがった。〈まちがえないように気をつけてピアニカをひいたけれども、さいごの方でまちがった。〉

このように二つのセンテンスを一つのセンテンスに書きかえる力はのぞめないことでしょうか。このようなことができたら、自閉性はかなり克服されていくように思われます。

このような学習がきちんとできることは、生活のなかで因果関係がしっかり認識できる力ともなります。また条件と結論の関係を考える力ともなります。

接続助詞はこれらのほか「服がよごれているのに」「音楽もやったし体育もやったし」「さわいでしかられた」「赤くてきれいな花」「歩きながらうたう」など、いくつもあります。生活のなかで耳に入れながら、これらの表現になじませていくようにしたいものです。それが話しことばや作文に表れてくる日を期待したいと思います。

二　助動詞の指導

おうむ返しではなく、どうやら対話が成立するようになったころ、私はお母さんが毎日のようすを書いてくれる連絡帳を見ながら、朝の話し合いをつづけました。

T　きのう、うちで何をしたの？
C　朝礼やったの。
T　朝礼は学校でやったね。うちで何したの？
C　おるすばんしたの。
T　えらいね。ほめてあげよう。（拍手をする）

T　なおちゃん。きのう、うちで何をしましたか。
C　巨人、勝った。
T　なおちゃんは、何をしましたか。
C　テレビを見ました。
T　まる。（拍手）

こんな対話をつづけました。「るすばんした。」「テレビ見ました。」の「た」は過去の助動詞で、いちばん身につけやすいものだと思います。

T　今日の天気は？
C　晴れです。

T　澤田君は、あした遠足に行きますか。
C　行きます。
T　どこへ行きますか。
C　野毛山公園です。

この「です」は指定の助動詞で「ます」は丁寧の助動詞です。「た」とともに、身につけやすいものです。また、希望の助動詞「たい」や打消の「ない」も比較的やさしいようです。粘土を見せて「やりたい人」ときくと「やりたい」と答えるし、「きいちゃんは、いるの？」ときくと「いない。」と答えます。

ところが、受身の「れる・られる」、使役の「せる・させる」を身につけることは、自閉症の子どもにはたいへんむずかしいようです。それはしっかりした自他の関係判断力が必要だからです。私は高学年の軽い自閉性傾向の子どもについては、つぎのような場合、黒板に文を書きながら指導しました。

まあ君に水をひっかけられた、よしお君が、まあ君をぶちました。すると、まあ君がよしお君をけりました。こんどは、よしお君が、まあくんのおなかをパンチしました。

T　水をひっかけたのは、よしお君か、まあ君か？
C　（　　　）
T　水をひっかけられたのは、よしお君か、まあ君か？
C　（　　　）
T　はじめにぶったのはだれか？
C　（　　　）
T　ぶたれたのは、だれか？
C　（　　　）
T　けったのは、だれか？
C　（　　　）
T　けられたのは、だれか？
C　（　　　）
T　パンチしたのは、だれか？
C　（　　　）
T　パンチされたのは、だれか？

C（　　　　　　　　　）
T　いちばんはじめに、わるいことをしたのはだれか？
C（　　　　　　　　　）

こういう話し合いをしたあと、文の（　）の中に、ことばを入れさせせました。

・（　　）は（　　）に水をひっかけました。
・（　　）は（　　）に水をひっかけられました。
・（　　）は（　　）にぶたれました。
・（　　）は（　　）をぶちました。
・（　　）は（　　）にけられました。
・（　　）は（　　）をけりました。
・（　　）は（　　）にパンチしました。
・（　　）は（　　）にパンチされました。

文だけで考えさせるとむずかしいのですが、さっき体験したことですから行動をとおして考えるのでかなりよく理解できます。

このような指導をつづけながら、文だけで考える力を身につけたいと思いますが、この指導はたいへん困難です。そこで、自閉性傾向の子どもにはつぎのようなごく簡単な文で指導したいと思います。

〈かつおくんは、お父さんにおこられた。〉

・お父さんが　かつおくんを（　　　　　　）
・お父さんに　かつおくんが（　　　　　　）
受身の助動詞と同様、使役の「せる・させる」の理解も自閉症児にとってはむずかしいし、さらに使役と受身の連語の理解も困難です。
〈おかあさんが　子どもに　ふくをきせる。〉
・子どもが　おかあさんに　ふくを（　　　　　）
〈おかあさんが　子どもに　くすりをのませる。〉
・子どもが　おかあさんに　くすりを（　　　）
こういう指導をつづけていくと、事実に即したよい話ができるようになり、文も少しは正確に書けるようになっていきます。

三　動詞・形容詞・形容動詞の指導

自閉症児五人（男子六年二人・四年三人）の一学期中に書いた日記を読み返して、動詞・形容詞・形容動詞をどのくらい使っているかを調べてみました。結果は動詞が圧倒的に多く、形容詞はきわめて少なく、形容動詞は二つほどしか使っていませんでした。

日記にはしたことを書きますので動詞が多くなることは当然です。その語彙はつぎのようでした。
1　えきビルいきました。　　2　あめふりました。

3 うたうたいました。
4 たいいくをやりました。
5 ごはんをたべました。
6 でんしゃの本かった。
7 テレビみました。
8 つめきりました。
9 うちにかえった。
10 ちがでた。
11 そうすかけた。
12 てをあらいました。
13 おふろはいりました。
14 たかちゃんとあそびました。
15 はいといった。
16 セーターひっぱった。
17 日きかいた。
18 おくすりのみました。
19 本をよみました。
20 プールでおよいだ。

21 おはなしききました。
22 手たたきました。
23 おだんごつくりました。
24 ボールなげた。
25 トランポリンやった。
26 たいこたたいた。
27 きんぎょがしんだ。
28 くつをはいた。
29 ぼうしかぶって。
30 つなひきひっぱった。
31 四人はしった。
32 ままおこった。
33 はさみできた。(きった)
34 ぼくはにげました。
35 いっしょにあるいた。
36 バスにのった。
37 たつおぶった。
38 ぼくにげた。

39　いんこないた。　　　40　あせでた。

これらの動詞は私が教室で「きのうえきビル行ったね。何を買ったの。」などと、お母さんが書いていられる連絡帳を見て、いつも話し合っているようなことばがたくさんあります。日常生活のなかでしていることが動詞として表現できるようになったようです。

だから、どんなことばを、どれほど多く話しかけ、それを話させているかが大事なことになります。私は「したこと」をいちばん多く話し合っていたようです。もちろん家庭で交わされることばも大きく影響します。ことばが出ないころから、おうむ返しをするころも、できるだけ多く、テレビのことばを聞く量より多く、豊かに話しかけなければならないと思います。

ところで、私のことばかけは名詞や動詞が多く、形容詞や形容動詞は少なかったようです。情緒性に乏しい子どもたちですから、私は意識的に情緒語をたくさん使用しなければならなかったのです。

ある日、金魚が死んでいました。みんなで死んでいる金魚を見て話し合い、学級園にうめて、花をそえておがみました。私は「かわいそうね。かなしいね。」などとみんなに話しかけましたが、自閉症児はこういうことばに反応しませんでした。おがんだ直後、金魚をうめ、花をそえているところを踏んづけて歩いていきました。怒りましたが私の気持ちは通じませんでした。こんなことが何回かあって、私は形容詞を使えるようにする目標をもつことはまだ早いと思い「したこと」を中心に指導しました。これは私の指導の誤りでした。私は可能性を追求しなければなりませんでした。

九月と十月の日記のなかには、こんな形容詞がありました。

1　えんそくいきました。べんとうたべた。たのしいかった。(たのしかった。)

2　あつい。おそとあつい。おうちかえった。コーラのみました。おいしいかった。（おいしかった。）

3　まゆみちさい。（小さい）ぼくおきい。（大きい。）

4　たんぽぽあった。たんぽぽしろい。

動詞は大量にあるのに、形容詞はこれだけでした。私は算数の時間に「長いね。短いね。多いね。少ないね。高いね。低いね。」などと話しかけていました。また「白い紙。赤いクレヨン。青いマジックもってきて。」などと図工の時間に話しかけていました。でも、これらの単語は日記のなかにほとんど出てきません。「静かな・すてきな・きれいな」などという形容動詞もほとんど出てきません。

「明るい・浅い・あまい・痛い・いやらしい・うまい・うるさい・おいしい・幼い・惜しい・恐しい・おとなしい・かたい・悲しい・かゆい・からい・かわいい・きびしい・苦しい・さびしい・寒い・親しい・少ない・せまい・高い・正しい・たのもしい・近い・強い・遠い・なさけ深い・憎らしい・早い・速い・低い・広い・深い・太い・古い・細い・まぶしい・丸い・見苦しい・みずみずしい・安い・良い・弱い・若い・悪い」など、理解し、表現できるようにたくさんことばかけをして指導しなければならなかったと、今私は反省しています。

なお、『「こくご」学習指導の展開』の「Ⅶ　語の指導と基本語彙」の項をご参照いただければ幸いです。

四　語彙を増やす

自閉症児と心をつなぐためには、何が大切だろうかと考えつづけていました。はじめに、私は音楽・図工・体育などがいいかなと考え、知的障害児のなかに入れてうたを歌い、カラーペンでなぐりがきをさせ、校庭に出て手をつないで鬼ごっこなどを始めました。しかし洋君にも智君にも積極的に参加する意欲は感じられませんでした。

ある日、休み時間に、私は何の気なしに洋君の両手をもって、回旋塔のように「ぐるぐるぐる」といいながら回ってみました。数回まわると私は目が回って洋君をはなして逆回転しました。洋君はこのときまったく平気で、私にまた手をさしのべてきました。今度は智君とやりました。智君も目は回らないようで、降ろすとまたよってきて手を出しました。

私はこの要求を大切にしたいと思い「ぐるぐるぐる」といいながら毎日一時間くらいつづけました。すると、これまで私にことばで要求することのなかった洋君が「ぐるぐる　ぐるぐる」と私の顔を見ていうようになりました。このとき、二人の眼差しが合いました。私はよってくる洋君を抱きあげて「ぐるぐる」をやりました。どれほどつづけても目が回らない洋君が不思議でした。洋君はよく走り回るので贅肉はついていません。疲れを知らない子どものようでした。私は学校のすぐそばの本門寺の九六段の石段をいっしょにかけ昇りました。またかけ降り、五回ほどくり返すと、私はくたびれてダウンしましたが、洋君は私の手をもっていっしょにまたいこうとします。「もう、おわり」といって教室に入りましたが、また階段のぼりにいきたいようでした。私は翌日から名前をなぞらせる紙をもってきて「書いたらいく。」といって名前や「ほんもんじいきたいよ。」と書いた紙になぞらせてからいくようにしました。

二週間ほどすると、本門寺にいきたくなると自分で紙をもってきて名前や文を書くようになりました。

「ぐるぐる」という発語にしても、何か書いてから「いこう」というのも遊びたい要求から出てきた自発語でした。

自閉症児のことばの教育は、教師が一方的に計画したものではなく、子どもの気持ちに合わせて計画しなければいけないということを、私はこの子どもたちから学びました。

椅子に座らせて勉強させようとするとすぐに、おちんちんいじりを始めたり、隣の子どもをつねったりする子どもは、とくに楽しさと、ことばとその行動をつなげた指導が大切ではないかと思いました。

補助輪のついている自転車を買って校庭を乗り回したり、ボウリングで投げたりピンを立てたり、風船バレーをしたり、トランポリンをしたり、文字板を並べて将棋倒しを楽しんだり、自閉性児とかかわる初期にはいろいろな遊びをことばにつなげていく工夫が必要だと思います。

たくさん遊んだなかで、ことばを増すうえでいちばん効果的だったのは、お店屋さんごっこでした。品物をたくさん並べると、それだけで単語の指導ができると思い、教具として、プラスチック製の果物をたくさん買いました。もも、バナナ、すいか、ぶどう、みかん、くりなど。それに、トマト、きゅうり、なす、にんじんなどの野菜のほかミニカー、こま、電車などもそろえました。そして、自閉症児ではない子どもたちとも遊びながら対話の指導をしました。「バナナ買ってきてください。」と私がたのむと、バナナを置いている店にいって「バナナください。」といって、プラスチックのお金をはらって私のところにバナナをもってきます。店を開いている子どもたちは「いらっしゃい。いらっしゃい。」と呼びます。買いにきた子どもに「何ほしい。」ときくと、品物の名前をいわねばなりません。買い集めたら、お店屋さんになります。こんな遊びを介添さんつきでやりました。

こうしてさまざまな好きな遊びをするなかで少しずつ対話もできるようになり理解語彙も表現語彙もふえていきました。

このような遊びは視覚も聴覚も触覚も言語も連合している感覚統合指導と見ていいと思われます。そして、これらの遊びや運動とことばを結びつけることは、抽象的なことばの内容を具体的なことばの教育の場におくことであって、自閉症の子どもにとってはきわめて有効なことばの指導法ではないかと思われます。

このような指導は、自閉症児の国語教育の第一歩です。ここから私たちは単語の指導によってことばを豊かにし、同時に発音の指導ではとくにアクセントの指導に力を入れ、話しことばの指導をすすめる必要があります。さらに「聞く・話す」ことから「読む」こと「書く」ことの指導につなげていくのですが、どのような指導にも一人ひとりの子どもの要求を知り、感覚（五感）・表象・知覚・想起・思考・想像力などの力と結びつけていく具体的な行動をとおしたことばの指導が大切であると思われます。

もちろん、語彙を増やす方法としてはいろいろなことができるし、学校の地域性を生かすことは効果的です。大田区立池上小学校のそばには本門寺があって、大きな森と公園があって、ハゼ・ムク・ナラ・イイギリ・サルスベリ・ミツマタ・ツゲ・シャリンバイ・ヒイラギ・ケヤキ・シイ・トベラ・サンザシ・ユズリハなどの樹木と、ホンモンジスゲ・フランネルソウ・ハキダメギク・ムラサキシキブ・リュウノヒゲ・タマスダレなどの草花、およそ三百種類ほど、四季おりおりの花が咲きます。

本門寺に出かけるときは、みんなルーペをもっていきます。ときにはノートやえんぴつをもっていきます。そして、よく見るようにいろいろと話しかけ、見たことや感じたことを詩や作文に書きました。草木だけでなく、ウグイス・ヒヨドリ・オナガ・ムクドリ・シジュウカラ・カラス・ハトなど、たくさんの鳥もいるし、アリジゴク・コオロギ・カマキリ・トカゲ・ヘビなどもたくさんいます。実際にこれらにふれて詩や作文を書きました。

ここにたくさんご紹介できませんが、自閉的で自傷傾向のあるやや精神的耐性の弱い子どもは植物に親しみこんな詩を書きました。

さんざしのはな

五年　まつだ　みすず

きがながいね。
きがかぜでゆれてる。
あかいはなきれい。
そらがみずいろ。
かぜがすずしいね。
さんざしのはな
きれいね。
さんざしのはなを
もらいました。
もってかえりました。
こっぷにいれた。
ままがにこっとしてみてた。

これらの詩は、きのうのことをよく話し合って、書くことをたくさん思い出させて自由に書かせたものです。よく見て絵に描いたり詩に書いたりすると一つひとつのことばがよく身につきます。

このほか、行事と結びつけることも効果的です。動物園に遠足に行くことになったら、ブルーナの『うさこちゃんとどうぶつえん』は学級の人数分を買って読んだほうがいいようです。小さい本ですから教師だけがもっていてはもの足りなく感じます。まず、おうむが出てきます。それから、しまうま、かんがるー、ぞう、さる……と動物にかかわる語彙が豊かになります。

池上小学校全児童で、楽団によるオーケストラをきく音楽鑑賞教室もあります。このときもブルーナの『おーちゃんのおーけすとら』で、ふるーと、りこーだー、とらんぺっと、ばいおりん……とページをめくって話し合います。

動物にしても楽器にしても、この本からさらに図鑑の写真で教えて、遠足や鑑賞教室の日に実物にふれることを期待させます。

このほか語彙の範囲は、身体各部分、乗り物、食べ物、お店、勉強道具、お金の種類、県や都市や国名などじつにたくさんあります。

また「ぼうしをー」「セーターをー」「くつしたをー」「ふねにー」「ひこうきがー」など、カードにたくさん書いて、つづけて動詞をいわせる授業や、「ちいさいー」「ながいー」「ひろいー」「かわいい」「おいしいー」などといって名詞とつなげて、連分節の指導をすることなども楽しくやれます。このような指導は個別学習ではなく、自閉症児以外の子どもたちといっしょに集団学習としての授業がよいようです。

自閉症児の習得している語彙にはそれぞれの子どもによって大きなちがいがあり特徴があります。それを生かすことはたいへんよい方法だと思います。

（この章の担当：江口季好）

第5章

さまざまな実践

一　受容

入学式のとき、椅子に着いていてもずり落ちそうなので「ちゃんと座ろうか」といったとたん「ごめんなさい。」と返事したまあ君。つぎの日から、教室の椅子に着かないでたえず出て行こうとするまあ君。「まあ君。」と声をかけるといつも「ごめんなさい。」とはっきりいうけれども、椅子に着かせようとすると即パニック状態になってドアに頭突きしてかばんを窓から捨てて泣きわめく自閉症児のまあ君。

そこで、外に連れ出しました。すると靴で埃を立てながら行ったり来たりして、トーマスの世界に入りこんで、とてもいい顔をして喜びました。まあ君とかかわるのはトーマスしかないと思いついて、トーマスの絵本をセットで購入してまあ君の前に置きました。読んでやろうとすると、私から本をとって順番に並べました。トーマスの内容ではなく、この本を順番に並べることに興味があるようです。そこで、だっこして並べ、一ページだけ読んでやりました。こういうことをつづけて二学期になると、だっこされることが好きになり、おんぶすると喜ぶようになりました。

三学期になって「ごめんなさい。」の他に何かことばが出てこないものかと考えつづけているころ、まあ君は肩車が好きになりました。しかし、私が立っていると肩車ができません。それでも私の肩にのぼろうとします。それでも立ったままでいたら「おんぶ。」と声を出して要求しました。「ごめんなさい。」以外に聞いたはじめてのことばでした。このとき私はまあ君の要求がことばを増やす大切なことだと思いました。

二年生になって、おんぶや肩車の要求をもとに第三番めのことばを聞けるようにどうしたらいいかと考えました。まあ君は家庭からもってきたトーマスのビデオを飽きずに早送りしたり巻き戻したりして一日の大半の時間を過ごします。しかし少しずつトーマス以外の絵本も見るようになりました。『スイミー』も好きになったようだったので、私はだっこして『スイミー』を読んでやりました。すると、さいごまで見て、聞いてくれました。

二年生の十二月、全校朝会で校庭に並んでいると、トーマスになってしばらく走り回ったあと、ふと列にもどってきて私のそばで「スイミーがとり」といいました。何をいったかよく聞きとれず、まあ君の視線をたどると、ムクドリが飛んでいました。なんと、ムクドリの群れをスイミーに見立てていたのでした。トーマスが好きなまあ君は私が予想したとおり『きかんしゃやえもん』も好きになりました。でも豊かなことばを育てる力にはなりませんでした。

そこで、私は家庭からの連絡帳に朝食に食べたものを書いてもらうようにしました。そして「朝、何を食べてきたの。」といつも聞くようにしました。半年ほどつづけるとおうむ返しの場合もありますが「紅茶・パン・チーズ」などと答えられるようになりました。そしてほしい物など、ことばでいえるようになってきました。また、テレビのCMやアニメのせりふなどもいうようになりました。また、大人や友だちとのかかわりも生まれてきました。

四年生になり、一年生が入級してくると、おんぶやだっこされることが少なくなりました。お兄さんになった自覚が出てきたのかなと喜んでいると三週間ほどして、一年生が下校した後、授業中に大パニックを起こしました。がまんの限界だったようです。その後、三年生のときよりおんぶやだっこを要求することが多くなりました。揺れるまあ君です。それだけ、まわりを意識しているということでしょうか。

掃除のぞうきんがけをするとき、友だちにぶつかって行く笑顔は、みんなの反応を楽しんでいるようです。友だちに「こらっ。」といわれたときの「ごめんなさい。」の言葉は機械的ないい方ではありません。クラスみんなが笑顔になるようすを楽しんでいるようです。私はこの状態はとくに大切にしていかねばならないのではないかと思います。情緒が明るく豊かに育っていくためのすばらしいことではないかと感じられます。

最近は算数でも掃除でも「――する?」「やらない?」というと一度は「やだ。」と答えますが、それはそのことばを楽しんでいるような表情で、すぐやり始めます。

まだ、自分がやりたいことがあると友だちに譲らないで強く押しのけてやってしまうこともありますが、これは誰でも多少あることで、ある程度は受容しながら、社会生活をしていくよい態度を身につけていくことを願っています。まあ君をふくむ学級の集団がみんな楽しく学習し、生活していけるような、とくに危険性がないかぎり、さまざまな行動を受容しつつ、それを生かして、よい授業を創っていく研究をすすめたいと思います。

（この項の担当：木村幸子）

二　集団として学習する

1　自閉症児の一側面

私は授業のなかでいつも学級の「集団性」を大事にしてきました。教師の発問に一人の子どもが答えたとき、その答えについて考え、一人ひとりの子どもが自分なりの考えを表現し、話し合うことによって発問の内容を考え合っていく授業をめざしてきました。通常学級ではこのことはごく当りまえのこととされています。障害児学級でもそうですが、自閉症児にとっては、このことはたいへん困難なことのようです。

国語の授業で「このお話のなかには、どんな人が出てきますか。」と発問したとき、自閉症児はその物語とはまったく関係のない応答「イチロー」「のび太」などと答えたりします。集団的思考のなかに加われません。

しかし、自閉的で注意が散漫でかなり多動な子どもでも友だちや大人のいうことに、多少なりとも耳を傾け、あるいはまともではないにしても反応は示しています。個別的学習はそれなりの効果はありますが、対象が大人だけなので、みんなのなかでの自分の姿を考える場にはならないし、社会性は育ちにくいと思います。

2　授業の工夫

現在、私が担任しているのは学年のちがう五人の子どもたちです。やはり、自閉症の子どもは、教師のことばに注意を向けず、自分の世界に入っています。

そこで、私は視覚に訴える教材を多くしたいと思いました。一つの詩を教材にして読み味わう授業も、模造紙に詩を書き、さし絵も入れて黒板にはり、読みの指導をすることにしました。何度もいっしょに読んでいると、耳になじんで、自閉症の子どももいっしょに黒板の方を向いて読むようになりました。さいわい、この「こんにちは」(1)という詩は曲があり、CDにもなっていたので視覚と聴覚によって教材にふれさせました。すると、なれてきて自分の好きなキャラクターをアレンジしていって楽しんだりするようになりました。そこで、これから物語教材を読むときも、登場人物名を知っている友だちの名前や好きなキャラクターにして読んでみようと思っています。

もう一つ、効果的だったのは「絵かき歌」(2)の授業でした。「先生の絵をかこう」といっても、教師のことばは耳に入れないで、車などの勝手な絵をかいたり、頭足人間の絵をかいたりする自閉症のA君は「絵かき歌」でみんなでいっしょに順番に従って書くなかで、リズムに合わせて、書く動作をことばに乗せて上手に書くようになりました。

これも視覚と聴覚を合わせた指導です。私は「感覚統合力が乏しい状態が自閉的な子どもの特徴である。」というようなことも感じていましたので、前述の詩の指導も、「絵かき歌」の指導も、感覚統合力を伸ばす一つの方法ではないかと思い、このような指導をいろいろと見つけたいと思っています。

A君は自分が認められないと、暗く沈んでいました。その原因はいつも注意されていて、完全主義的な、きゅうくつななかに自分がいるように感じていたからではないかと思います。しかし、最近はまちがったことをしたり、いったりしても平気でいられるようになりました。

今、私はA君に「どんなにまちがってもいいから自分の言葉で表現できること」「知らなくても恥ずかしいことではないこと」「わからなければ〝わからない〟といえるようになること」などを育てたいと思っています。

このことはさまざまな感覚統合力の指導をするなかで、社会性の発達とともに育っていくものではないだろうかという私なりの仮説めいたものを考えています。

（1）「こんにちは」の歌：クラスでうたう子どものうた⑧作詩工藤直子・作曲新実徳英（ONGAKU CENTER）

（2）絵かき歌：『へやあそび』（パッチワーク通信社刊）のほか、偕成社、福音館書店、岩崎書店などからも出ている。

手あそびうた：『障害児学級の国語（ことば）の授業』（同成社刊）の五一ページ「あとから　じゃんけん」などのほか、『歌あそび』（今人舎刊）、明治図書、学事出版、自由現代社からも出ている。

（この項の担当：鈴木ともえ）

三　書く力の成長と行動の安定

入学前に幼稚園の先生から、

「急に友だちをたたいたりします。急に部屋から出て別の部屋にたたきに行くときもあります。たたかれた親御さんから苦情もきます。D君は友だちになりたいからこんなことをしているのではないかと思います。」という話をきいていました。このとき私はD君を素直に表現できるように育てたいと考えました。しかし、D君は障害児学級ではなく普通学級に入りました。そして「D君が友だちをたたく。」ということをよく聞くので二年生になるとき、障害児推進委員会でようすを話してもらいました。その内容は、

・急に席を立って友だちをたたきに行く。
・教科の理解ができないし、遅い。
・目が合わない。
・話をしない。しても意味のわからないことをくちばしる。
・絵が描けない。
・極端に不器用。

等々、普通学級での学習は困難だということでした。でも親御さんの希望は「楽しんで学校に行っているのでこのままで。」ということでしたので、不登校の子どもたちの対応のために勤務している嘱託の方についてもらうことになりました。

国語や算数の授業にはほとんど関心を示さないので、別の部屋で嘱託の先生と一対一で学習することにしましたが、本人がこの学習になじむまでは少し期間が必要でした。しかし、この生活がしだいに楽しくなり、落ちついて学習するようになりました。

D君は学校内を歩き回ることが好きで、各教室の先生たちの名前をみんなおぼえました。嘱託の先生と手をつないで一階から四階まで歩き回ります。そしてある日先生に紙をもらって学校の鳥瞰図を書きました。それには十二学級の教室、職員室、校長室、体育館などが描かれています。しかし屋上に出るのはこわがりました。でも障害児学級の教室にきてこの子どもたちと屋上にいくようになり、はじめはドアのところからすすめませんでしたが、何日も挑戦するなかで屋上に出ることができました。みんなで「バスだ。」「救急車だ。」と大はしゃぎ。D君もこのなかにまじって楽しむようになりました。

このころ、D君はその日にしたことがひらがなで書けるようになっていました。教室に帰って紙を渡すとD君は喜んで一気にこう書きました。

きょう　おくじょうをいきました。
そらが　みえました。
ひこうきがみえました。
ねころだら　きもちいいよ。

D君がはじめて自分から自分一人で書いた文です。みんなにほめられてうれしそうでした。D君は自分がしたことを正確におぼえています。嘱託の先生がお休みの日は、D君は私と障害児学級の教室で学習します。「きのう、何したの。」と聞くと私の問いかけにどんどん答えてくれます。たくさん話した後で原稿用紙を渡すと書いてくれます。六月九日、宮島にいったときのことを話して、にこにこしながらこう書いてくれました。

ぼくは、宮島へ行きました。

おじいちゃんとおばあちゃんと
たかにいちゃんとゆうにいちゃんと
ぼくとで行きました。

バスとでん車とふねにのって行きました。

ごはんをたべました。

かきごおりをたべました。

これを読み、みんなにほめられて、D君はうれしそうでした。こうして「話して文にする」「文にしては読む」ということをつづけました。D君は書いた文のファイルが増えていくのを楽しみにしていて、自分が書いたのを繰り返し開いては読んでいました。

三年生になるときD君は「ぼく　たけのこでべんきょうする。」といい、障害児学級に入級しました。自分が思っていることをいうようになり、友だちをたたくことは少なくなり笑顔が多くなりました。つぎの日記は正門のところでお父さんが「早かったね」といったことに、D君が「おそかったね」と対応していて、文にユーモアが漂っています。情緒的成長が見られる、こんなすてきな文も書けるようになりました。会話にはちゃんと、かぎをつけて書きました。これは先生たちからもほめられて、D君は喜び、さらに書く意欲を見せてくれました。

おとうさんと車でかえりました。

せいもんでまっていました。

おとうさんが「早かったね」と、いいました。

ぼくは「おそかったね。」と、いいました。

車でかえりました。

自閉症の子どもはさまざまですが、基本的には、落ちついて学習するようになる場をつくること、そして学習することに喜びを感じさせることが大切なことだと思われます。そのためには、ことばの理解力を育て、話したり書いたりする力を育てて、自己表現の力を伸ばすようにしなければならないのではないかと思います。

（この項の担当：小西ヒサ子）

四　パニックをとめることば　㈠

朝、私が教室にいくと、涙を出して泣いている子どもがいました。自閉症児で、ことばがない子どもですから、どうして泣いているのか私にはわかりません。介添さんが教室にいられたので聞きましたが、ぶたれたなどということもなく、お母さんが帰られたあと、すぐ泣き出したようです。とくに今日はお母さんと教室にいたかったということでもないようです。だんだん様相がけわしくなって、ねっころがって暴れ始めました。

お母さんに電話をして聞いても原因はわかりません。そのとき、お母さんが「今日は名札をつけるのを忘れてしまいました。もっていきましょうか。」といわれましたが、「いいですよ。」と返事をして、新しい名札を胸につけてやりました。すると、ぴたりと泣きやみました。私は、ああこんなこともあるのかと一つの新しい経験をしました。

低学年から中学年になって教室を移動した日にパニック状態になった子どもがいました。私は「あっ、そうか。」と感じて元の教室にもどして落ちつかせ、その後たびたび中学年の教室に連れてきて、その子の大好きな『住宅情報』誌を与えて教室になれさせたこともありました。

しかし、私はことばでパニックをしずめることはできないものかと考えつづけました。よっちゃんは三つくらいのことばをいうことができていました。「コーラ・サントリー・ダイシン」とよくいっていて「サントリー」と「サン」にアクセントをつけていって、にこっと笑っていました。私はよっちゃんがパニックを起こしたとき「サントリー」といって顔を合わせて笑顔で見ると、よっちゃんも「サントリー」といいながら、しだいに泣きやみました。

私はこのあと、自閉症児にかぎらず、一人ひとりの好きなことばを書きとめるようにしました。「新発売・新登場・デンジマン・バクシンガー・ドラえもん」などといって喜んでいる子ども。「ガンダム・バンダイ・おそとだめ・つづく・パンチ・NEC・パソコン・サザエさんちのふりかけ・北部山ぞいでは一時雨でしょう」などとよくいっている子ども。これらを書きとめる私のノートはテレビのことばでいっぱいになりました。

「サントリー」ということばでパニックをしずめることに成功した私は、つきつぎにこの方法で成功しました。「パンチ・パンチ」といって拳で胸を突いて楽しむようになった子どもがいました。お母さんに「テレビをあまり見せないようにしてほしい。」と頼みましたが、禁止すると暴れてたいへんだということでした。私はテレビのCMのように「パンチしない・パンチしない」といいつづけていました。少し効果がありました。

ある日の朝、教室にきたらすぐ泣き出し、大声で泣き出し、友だちに泣きながらパンチをし始めました。私はしっかり抱きしめて「北部山ぞいでは一時雨でしょう」といいつづけました。すると泣きながら「ほ・く・ぶ・山・ぞ・いでは……」といい始め、数回くり返しているうちに、すっかり落ちつきました。

もちろん、このようなことばかけでパニック状態から平常にもどる子どもは何分の一かだと思いますが、落ちつかせることができることはたしかです。

ことばのない子どももいます。こんな子どもについては、私はお母さんに「家でどんなことをして過ごしていますか。好きなこと、好きなものは何ですか。」とよく聞きました。「うちの子はテレビをよく見ていますが、ビスコが好きなんです。いつもビスコを買っておいて、けわしい状態になるときは一個あげるようにしています。」と聞いて、私もビスコを用意したことがありました。そして「ビスコ・ビスコ」といって与えるようにして「ビスコ」ということばをいうことができるようにしたこともありました。もちろん、他の子どもにも与えました。そのころ「犬のしつけと同じ餌付け法だ」といって、こういう方法が批判される主張をきいて同感し、私は実践方法を転換したこともありました。そして、さまざまな教材教具が好きになるようにと工夫しました。

しかし、二学期末に体育館でもちつき大会があって参加した後、もちつきがしたくなって、臼や杵が好きになったので体育倉庫のなかに入って空のもちつきをつづけたり、自動販売機が好きになったりした子どももいて、実践はまったく紆余曲折。しかし、私はこういうなかで「ことば」でパニックを解消することを探求しつづけました。

（この項の担当：江口季好）

五　パニックをとめることば　(二)

脳の統合機能に困難さをもつ自閉的傾向のある生徒たちは、人の話を聞いたり、人に思いを伝えたりすることが困難なことがあります。また、状況の理解が上手にできなかったりします。そのためにパニックを起こしたり自傷行為をしたりします。

前任校で、そうした生徒たちの「パニックをどうしたら止められるか」「今、この生徒の課題は何か」と悩みました。私のわずかの経験について整理したいと思います。

1　生徒についての情報の収集

生徒への指導や学級経営の方針を立てるために、情報の収集をしました。それは、その生徒にかかわってきた方たちの想いに触れることでもありました。

A君の事例について簡単に述べます。

①主治医との連携

保護者の同意を得て、通院に同行してうかがった話。「教育は大事ですが、指導しても受け皿ができてないと、教育の効果が出ないことがあります」「薬を服用することで、先生の指導を受け入れやすくなって、指導の効果が出たと思います」「疎通性が出てきています」

②通級の情緒障害児学級の担任

「本人の許容量が少しずつ広がっています」「許容量を超えることはできません」等の学習内容と課題。
③小・中学校の担任
行動の特徴や学習内容や指導の経過。
④保護者からの聞き取り
生育歴、家や出身校でのようす、家庭の方針、学校への願いなどをうかがいました。
⑤発達診断の専門家に相談
発達課題の目安を得るために。「生活年齢と精神年齢の差もあり、アンバランスな育ちをしているが、落ち込んでいるところに発達の課題がある」といわれました。

2 学級・学校への適応を探りました

集団の生活のためにはなんらかの規制をしたほうがよいと思われました。規制できる内容は本人の受け入れられる範囲で探しました。集団での学習に慣れるように本人のできることを集団での学習のなかに探しました。集中のさせ方・わかりやすい指示の出し方を探し、またその生徒の興味・関心のもてることを探しました。

学級のリーダーとその生徒とのかかわりのなかで、愛着の関係や信頼関係を育てつつ、他の生徒の理解をえるように努力しました。

3 指導と生徒の変容（事例から）

生活のなかでそのときどきにされる指導が生徒のなかで統合されて、人格的な発達になると思うのです。

(1)　課題の指導

【事例一】

パターン記憶を得意とするので、係・当番活動などは、スモールステップでパターン化しました。つぎに、こだわりを減らし始められる生徒には、パターンを崩しながら一般化しました。指示は、簡潔な言葉でしました。廊下の掃除を身につけても、教室の掃除ではまた一からになってしまいます。当番活動の度に、泣いたり暴れたりしていました。が、教師の指示がわかるようになると静かに仕事をこなすようになりました。

本人の満足感や充実感になり、やがて、ロボットのようであった彼は、疲れた日には「嫌だ。やりたくない」というようになりました。また、責任感も育ち、何気なく、「さすがに三年生だね」といったら、「さすがに？」と、繰り返すように求められるようになりました。このことばは発達保障のキーワードになりました。

【事例二】

高一男子。給食当番でテーブルに牛乳を配る。「一本ずつ」が、ことばとしては理解できます。担任がいっしょに歩いて声かけすると、まちがえずに安定してできます。でも「どうして一本で、二本ではないのか」「どうして机の上で、棚の上ではないのか」が分かりません。

一人ですると、とんでもないところに置いたり、怒って落として割ったりします。一人でするようになりましたが、ジャムに変えるとまた一からです。でも行動を通して理解していきます。

【事例三】

高一男子。発語が「はい」だけで、後は「パペパペ」のみいう生徒。ことばを増やそうと、朝のH・Rで時間割の発表を毎日しました。構音がうまくできずいいにくそうでしたが、つづけました。

高三の夏に、給食のときにおかずを盛んに指さします。「なあに、きゅうり？」と聞きましたら、「きゅうり」と復唱します。物の名前を聞くことが増え、答えてもらいたがります。

そのことがすぐに会話につながりはしませんでした。けれど、やがて困ったときには単語で人に伝えるようになりました。「電気（が切れた）」「兄ちゃん（がいない）」など。

【事例四】

発語のない高一の女子。サインもなく、クレーン行動があります。簡単なことばの指示を理解します。意志や気持ちは行動で推しはかるしかありませんでした。

手を使う活動を増やしました。手芸・色塗り・数を数える・なぞり書き・工作など。十月の宿泊学習の帰り、バスのなかで、「Aさん、雪だよ」と感動を込めて指さしながら伝えました。Aさんは、まねをするように遠くを指さしました。それから、要求や選択の指さしが出てきました。

【事例五】

独自のことばを遊ぶように使っていた生徒。「ゲネヘメー。」などオウム返しをしてもらいたがります。生徒の気持ちにあったことばを、教員がいってオウム返しをさせながらいわせるようにしました。

聞く力が弱いので、黒板に書いて、読んでもらったりしました。少しずつ要求語が出始めました。つぎに、断ることばや許可を求めることばを指導しました。「掃除を終えたら遊んでもよいですか」ことばでつぎの予定も伝えるようにしました。それから、「だから、こうなの」と理由を伝える表現の指導をしました。

【事例六】

指示理解があり、オウム返しもするが、要求語が出ない生徒には「何をしたい？」「バドミントン」といわせました。生徒の母からの情報で、バドミントンが好きなことはわかっていましたから。しだいに自分で自発的にいえることが増えていきました。いいまちがいもします。助詞が抜けたり、単語のある音節が抜けたりします。そのつど、徹底していい直してもらいました。やがて、おうむ返しをしなくなりました。

4　パニックの止め方（ことばでのかかわり方）

(1)　タイミングよくパニックの寸前に声をかける

【事例】

A君が、学校に慣れなくてパニックを起こしがちだった頃、パニックの予測や気配を感じるときがあります。怒るまぎわに「怒っちゃだめ」といったら、収まりました。

(2)　予定を前もって知らせ、気持ちの準備をはかる

【事例】

高一男子。中学の担任の先生から、生活を変えることや新しい取り組みは三カ月くらいの準備期間で受け入れるようになったとうかがいました。そこで「二学期からは」という働きかけで始めました。急な変更への適応ができません。決まった生活しか受け入れられません。しかし級友や担任との信頼関係ができてくると、徐々に準備期間が短縮しました。この指導によって、高二になると、前日の変更を受け入れました。高三では、当日の変更でも理解するようになりました。

⑶　ことばの指導をする

この指導の主な内容は、要求の言葉やサイン、拒否する言葉や動作（嫌なときにことばで拒否できるとよい）、許可を求めることば、理由を説明することばなどです。これらの指導は各校でも実践されていると思います。

⑷　休ませて気分を変える　好きなことで人の迷惑にならないこと

【事例】

学習に集中できる時間の長さや量は、体調や情緒の安定に左右され、波があります。許容量が増えるように指導しますが、許容量を越すとパニックを起こすので、起こしたときには休ませました。学習を中止して、五分くらい他のことをすると、また取りかかることができました。

⑸　ようすを見て原因を取り除く

【事例】

朝、登校して泣きわめき暴れています。肩を押さえました。「ぬれている」と聞こえました。Yシャツが濡れています。他の生徒にハンガーをもってきてもらい、「乾かせば、帰りに着て帰れるから」と話して、Yシャツを受け取り干すと、落ち着きました。説明している内容が理解できると、パニックが防げます。

⑹　子どもの気持ちをくみ取ること

【事例】

基本的には自閉でない障害児や健常児と同じように、個々の生徒の発達課題を共に取り組める集団が用意されることで育つと思われます。

問題行動は、少しずつ発達するうちに消えていきます。「友だちがほしい」「友だちといっしょにやりたい」「友だちといっしょがよい」という気持ちを育てられると、「話したい」「学びたい」となると思います。

表現は下手な人が多いのですが、表現されない思いをくみ取ることはとくに大切だと思います。理解してもらえると思ったときに、心は落ちつくようです。

（この項の担当：飯野由美）

六　多動な子どもとの対応

A君は、現在一〇歳。小学校四年生です。就学時は、親の強い要望により、普通学級に在籍していました。二年生から、一名ながら障害児学級が新設され在籍し今年で三年目です。入学時は不安傾向が強く、いろいろなことですぐパニックになりました。要求語としての単語は数語ありますが、エコラリア、奇声、意味不明なことばの羅列などで会話は不成立。生活リズムは確立していなくて、学校でよく眠る。体が弱く熱で休むと長引く。多動で着席ができず集団が嫌い、指導しようとすると拒否しパニックになるなどの実態でした。

一年目は、手探りで指導を始めましたが、しだいに落ち着き課題をこなせるようになり、会話らしきものも成立するようになりました。三年目を迎えた今年は、流れの見とおせる体育の授業は集団の流れのなかにいられるようになってきました。何よりも表情が明るくよく笑うようになり、人間としての成長を実感させてくれています。

これまでのA君の指導の経過を整理し自閉傾向児の成長、発達にとって大切な柱は何かを見つけ出したいと考えています。

1　一年目の指導と経過（小二）

一学期の間に実態をできるだけ詳しくとらえ、以下の四点の方針を立てました。

①生活リズムの確立（夜眠れない、朝起きれない、昼眠る、日ごとバラバラ）

②安心できる場所の確保（集団拒否、指導拒否、騒音拒否）
③信頼できる人間関係の確立（否定言語に異常反応、させられることにすごい緊張と恐怖心）
④体や手指を動かして具体的に物事を知る（感覚遊びを卒業していない。運動感覚が統合されていない。触覚過敏がある。常同行動の時間が長い）

①に関して

なるべく昼間は眠らさない（短時間にとどめる）で活動的な時間にすることを原則に、遅刻してもいいからきちんと起きて朝食をとって登校するように家庭に協力をお願いしました。常時、鼻炎状態で発熱や下痢もよくあり、欠席も多い（年間約三〇日）。崩れるのは早くなかなか確立とまではいきませんが、何とか学校では眠らずに過ごせるようになりました。

②に関して

一年生のときは普通学級（四〇人）だったので、とても耐えられず飛び出していたのだろうと思われます。担任と一対一の障害児学級は静かなので比較的落ち着いていられました。それでも一人で干渉されずにいられる職員室、保健室、校長室、外の木立の風通しのいい場所にいきたがりました。そういう安心できる場所を認めてやり、一定時間落ち着くのを待って教室に誘いました。騒がしいところは概して嫌いですが、騒がしくても自分にかかわろうとする人がいなければ平気なことも解りました。また聴覚が過敏なのかもしれないと思い、音質や音量に注意をしていろいろな音を聞かせてみました。やはり静かなゆったりした曲は落ち着いて聞けました。少しずつ音に慣れるように曲を選んでかけるなど工夫をしてみました。担任に慣れたこともあると思われますが、教室にいられる時間が長くなり〝自分の場所〟という理解がしだいにできたようです。はじめての場所などはすごく不安で、警戒するようすが見られました。

③に関して

何かをさせようという強い雰囲気などには敏感で逃げます。禁止言語にも過敏に反応してパニックになり、自傷、他傷行為が出ます。常同行動の世界を受容的に接しながらも、喜びそうな遊具や具体的な課題を設定し、ようすを見ることから始めました。課題を設定したときもまず興味をもつようにA君の目の前で課題をして見せます。つぎに柔らかい肯定的な誘いのことばかけをします。補助してやらせるときもタッチを柔らかくし、引っ張らずA君の動きを待つことにしました。遊具や教具もA君の動きが出るまでレベルを低くし、工夫やフォローを考え出すようにしました。「大丈夫できるよ」の声かけをつづけ、どんな小さな課題でもA君の意志で手や体を動かしてできたときは「できたよ。」「がんばったね。」と優しくタッチするようにしました。

担任に対して心を向けるタイミングをよくとらえて声をかけると、ついてくるようになりました。安心してもらえるようになりました。触刺激を自分のなかに取り込むに従って安心感も増してきたように思えます。

④に関して

水、風、フワフワしたものは好きですが、運動場の遊具はシーソー、滑り台を除いては断固拒否しました。「触れたり、触れられたりすることに慣れる」「手を使うことに慣れる」「身体を動かすことに慣れる」ことを目標にしました。同時に、日常生活のなかで身のまわりの具体物や具体的行為の一つひとつにことばを添えて意識化することを繰り返しました。事物を理解することがむずかしく、一歳レベルのことばかけから始めました。担任に心を向け始めた頃から、指示を理解しようとする気持ちが見え始め、少しずつ課題に取り組めるようになりましたが、どの課題も短時間しかつづかず、常同行動が入ってはまた誘うという繰り返しでした。一年間、短時間でもほぼ同じ課題をつづけたので、何をどうすればよいかがわかってきて、「〇〇する」と要求する姿も見られるようになりました。自分なりに頑張ろうという気持ちが見え始めると、持続時間が長くなりそれにつれて常同行動の時間が減りました。

2　二年目の指導と経過（小三）

一年目の指導の成果と反省のもとに、二年目の指導の重点を以下の五点に絞りました。

①生活リズムの確立への努力をつづけること。
②担任との関係をベースに他の先生との関係を広げること。障害児学級を基礎に他の場へ挑戦すること。
③つづけてきたことに対しては意欲や理解度もよいので時間割をなるべく帯状にとり、一日の生活の流れに見とおしをもって活動すること。
④禁止ことばを受け止められたり、しんどくても頑張れるような自己コントロール力をつけること。
⑤体験の幅を広げること。（パニックの減少につながる）

①に関して

夜眠れなくて朝方寝入ったり、夜中に起き出したりということがときどきはありましたが、全体として生活リズムは安定してきて、それにともなって健康的になり欠席が減りました。（数日）

②に関して

一週間のうち一時間を担任外の女の先生に主として体を動かすことに絞って指導を受けることにしました。課題理解はできているので集中時間は短いができるようになっていました。担任が出張などで補教を頼むときも比較的落ち着いて取り組め出し、他の先生の呼びかけにも応えられ出しました。概して男の先生よりも女の先生の方が安心していられるようです。

障害児学級に落ち着いていられるようになるに従い校長室などへは行かなくなりました。協力学級の授業への参加も作業的活動ならなんとかできるようになりました。ただし担任が側にいないと着席はつづきません。

③に関して

毎日の流れを、朝の学習―課題学習―給食―課題学習―帰りの会という大まかな見とおしをもてるように、朝の学習のなかで一日の学習の流れを確認することにしました。引き回されるのではなく自分なりに予定をして動けばパニックにもなりません。一学期が終わる頃には「朝の学習」と催促をしたり、二学期も半ばになると給食後午後の時間が始まると「日記書こうね。」「お家帰るね。」と声をかけてくるようになりました。

課題学習のなかには、国・算、生活、養訓（自立）、交流学習としての音楽、図工、体育があります。課題はA君のレベルに合わせて組みますが、同じレベルでも少しずつ目先を変えて興味がもてるように工夫をしました。同じ課題をつづけることにより、することが解り自分から取り組むようになりますが、飽きが見られるようになるので質は変えないで目先を変えて経験の量を増やすようにしました。

④に関して

人間関係ができ甘えたりスキンシップができるようになると、指示理解や応答関係もすすんできたのでようすを見ながら禁止ことばを使ってみました。もうパニックになることはなく、言葉そのものよりもイントネーションなど雰囲気のほうが影響が強いと思われました。しだいに何をしたらダメなのか理解し、担任の顔を見ながら悪さをして「ダメ」とからかうようになりました。一種の遊びです。

また限界を見極めながら休憩をとりまた誘うというやり方をつづけることで頑張りがきくようになってきています。少々パニックになってもこのことは絶対譲らないという姿勢を担任がとることで、次回は頑張るという態度も出てきました。

⑤に関して

未経験のことに対して警戒心が強いので、課題学習のなかにいろいろな経験をすることを取り入れました。町に出かけて食事や買い物をすることや、料理や作業でいろいろな材料や道具を使うこと、全身を使って遊ぶことです。郡の合同障害児学級行事にも参加し、家族を離れて泊まるという経験もできました。パニックはほとんど起こさなくなりました。体験量が増えることでことばも増え、話すことも増え、自分なりの言葉で会話ができるようになり語彙も多面的に増えています。

（この項の担当：湯浅史子）

七　日記の指導　(一)

私の学級は、情緒障害児学級です。学級ができて四年目になります。三年半前、四名の自閉症の子どもたちを担任することになりました。当時は、ことばでのやりとりがとてもむずかしい状態でした。また、指示に従うことや、場の変更に異常なほど不適応行動を示す子ども、自分の気持ちを表現することができない子どもたちで、毎日が、子どもたちの指導に手探りの日々でした。子どもたちは、特殊学級をベースに通常学級でもときどきいっしょに学習することはありますが、ほとんど、私の学級で過ごしていました。個別学習では、ひらがなを中心に、また、学校生活の決まりや、集団生活のルール、指示に従うことなどが大切な学習でした。

五時間目の授業は、一日を振り返る「帰りの会」という学習をしたいと考えていましたが、一年目は、掃除の時間の終わりごろから、ふらりと子どもがいなくなって探し回ったりなど、落ち着いて学習に取り組めない時間でした。

少しずつですが、子どもたちが、教室にいるようになってから、帰りの会の時間は、一日を振り返る時間にしたいとその当時から考えていましたので、デジタルカメラで一日のようすを映像で撮って、それを見る活動を行ってきました。子どもたちは、自分の姿がテレビ画面に出てくるのに興味を示してくれ、とても集中して見ることができました。当時は、NHKのテレビなども興味を示さないことが多かったのに、デジタルカメラの映像はよく見ていたなと感心したものです。テレビに出てくる学級の子どもなどを指さして「これは、だあれ?」と問うと、「りえちゃん。」、「何をしているの?」などたずねると、「ブランコ。」などの答えがだんだんと出てくるようになりました。

二年目になって、簡単でもいいから、一日のできごとを本人に記録させたいと思って取り組んでみました。デジタルカメラで撮影した一日のトピックスをプリントし、そのプリントした映像と合うことばのカードを選ばせて基本文型にあてはめさせました。たとえば、「ぼくは、たこやきをつくりました。」という文が、できあがったら、何回かずつ視写するなかで、少しずつ文に慣れることができてきました。

三年目になってから、いよいよ、連絡帳に日記を書く欄を設けて本格的に日記指導ができるようになってきました。学習の流れは、下記のとおりです。
①映像や具体物、スケジュール表などを見ながら、一日を振り返る。
②映像などのなかから、書きたいことを決める。
③担任の支援を受けながら、個別に日記を書き上げる。
④書いた日記を数回読む。
⑤みんなの前で日記を発表する。
このような学習をはじめはこちらの誘導で行ってきましたが、子どもたちにとっては出番があり、人前で発表することも心地よい活動のようで、楽しく行うことができるようになりました。

りえちゃんは、まだ、一人で題材を選ぶことができないので、担任のほうで、本人が書いてほしいことを紙に書いて、それを模写させる活動を行っています。最近は自分から紙をもってきて、「やってください。」と模写する文を書いてくれるように頼みにくるようになってきました。日頃は、自分からかかわりをもつことを嫌がる傾向にありましたが、この学習が楽しみのようで、ときどき、書くのが遅くなって発表の時間に間に合わないときは、あせって書こうとします。たまに、どうしても間に合わなくて、発表ができないときは、とても悔しがります。人間は、いろいろな障害があっても、出番があることや、人前で発表する活動が好きなんだなと感じました。

子どもたちにとって、一日を振り返り、表現することは、言語理解の力の向上はもちろんのこと、家族に学校生活を報告することが苦手な自閉症児にとっては、日記が家庭との橋渡しになっています。りえちゃんには、今後も映像などを使いながら、一日のできごとを振り返る学習を継続して行っていきたいと思います。他の子どもたちは、毎日、朝の会で一日のスケジュール書きを行っていて、そのスケジュール表を見ることにより、書く題材選びが少しずつできるようになってきました。しかし、本当に書きたいことかどうかを知ることはむずかしいことです。自閉症の子どもたちは、パターン化しやすく、一度書いた文章を繰り返し書きたがる傾向があります。さらに、自力で自分の書きたいことが表現でき、一日の生活を綴ることができるように導いていきたいと思います。

このために出番の喜びをもたせたくて、私は子どものいいたいことを書いてやって読ませるようにしています。歯の健診のときよくできたので、私はつぎのような文を書いて読ませました。

わたしは、はのけんさをしました。おくち、あーんして、はをみてもらいました。むしばはありませんでした。よかったです。

りえちゃんは読んだあと、満足してにっこり笑っていました。はやく、自分で書いて読めるように育てたいものです。

（この項の担当：高濱恵子）

八　日記の指導　(二)

・けしゴムがおとした。
・あしたのうんどうかいがはれたい。

というような自閉症児に見られる表現を正しい文型で表現できるようにしていくためには、国語科の時間だけでの指導でなく、毎日書く日記指導をとおして行うことが効果的だと思いました。

日記を書くのは、学校で、五時間目にしています。子どもたちは学校での生活を書きますから、その内容が教師にわかっているので指導しやすいのです。しばらくすると、家での生活も書くようにします。学校生活のものと、家庭生活のことを一人で書く日記を二つあげてみます。

きょうからプールが始まります。光男君は水着を用意してきたのがうれしくて、待ち遠しくてたまりません。だからプールに入るまでの順番は、何度もくり返して自分にいいきかせています。そしてつぎのように順序よく書きすすめています。私は書いたものを読みながら助詞を○で囲み、正しいかどうか意識させるようにします。

プール（六月十日）

①ぼく㋩　みずぎ㋾　もって　いる。
②きょうしつ㋨　中㋢　きがえた。
③はだし㋢　いまづがっきゅう㋨　ろうか㋢まった。

④みんな　ならびました。
⑤見学｜の　はやと㋣　まつなみ｜と　しもてくん㋩　みて　いました。
⑥あし㋾　あらいました。
⑦シャワーで⃝　あらいました。
⑧しょうどく㋾　あらいました。
⑨ぼく㋩　バタバタ　およぎました。

私が、くっつき（助詞）に○をつけると、光男君はそこを考えようとします。「あっ、ちがった。」といいながら、消したり、書いたりです。

「しょうどく㋾　あらいました。」は「しょうどくそうであらった」ことなのですが、光男君の気持ちのなかでは、「しょうどくそう」というような単語は、ぴったりこないようですから、そのままにしておきます。

このような学校生活のことを書く指導をつづけていくと、やがて私の知らない家庭生活のことなども書けるようになりました。

学校生活のことを一学期から二学期にかけて、いっしょに書いてきましたが、三学期になると、家庭生活のことなども自分一人で書くようになりました。

子ども会でボウリングにいったそうです。そのことを光男君は自分から書き始めました。私は、光男君のそばで、見守っています。光男君は、独り言をいいながら、一字一字書き綴ります。

ボーリング（三月十一日）

きのう㋩、ボーリング大会でした。ボーリング㋩　ストライクでした。コンピュータの　二つの　テレビと
ステレオ㋕　ついて　いました。
よその　スコア㋕　はっせいした。ぼく㋩　みました。スコア㋩　なおりました。
そして　つぎの　ばん　ぼくです。
おこらなかった　ことでした。ぼく㋩　8いに　なりました。
「おこらなかった　ことでした。」というのは、「ぼくは　8いに　なりました。」けれども「がまんした。」ということなのです。光男君はいつも「一位になりたい」のです。その願望が押え切れなくて、「いやだ。一ばんに　したい。一ばんにする。」と、やんちゃをいうのですが、この日はがまんしたというのです。

この日記は、光男君ひとりの力で書きました。これまでは、そばについていて、いろいろと思い出しを援助することが多かったのですが、この日は、ひとりの力で書くことができました。

文を書き始めると、かならず席を立って、歩きまわったり、教室の外へ出たりすることがたびたびだったのですが、しだいに席に着いて書くことができるようになりました。

四月はじめ、日記を書く学習を始めてこの日まで、一年近い日数が経過しています。日々の積み重ねが、光男君のもののとらえ方、文の書き方を少しずつ身につけさせたのではないかとうれしく思います。

書きはじめの一字下げ、段落の行かえ、常体と敬体など、こまかいことはたくさん残されていますが、とにかく、光男君が自分で文を書くこと、書きたい気持ちをそのまま表現させることを今は大切にしたいと思っています。やがて、自分で書いた文を自分で読み返して、助詞や主述関係も自分で推敲して提出することを身につけさせていきたいと思っています。

（この項の担当：中西弘子）

九　生活体験を生かす

私は十七年間、東京都大田区立池上小学校で障害児学級を担当して、その後一九八六年から今日まで十七年間、大田区教育委員会社会教育課で障害をもつ青年たち、およそ百人の青年学級を担当してきました。こうして自閉性障害のある子ども、青年たち、約三十人ほどとかかわってきました。

幸いこの期間、管理下では事故を起こすことは何一つありませんでした。しかし、下校後、または春休みや夏休みにはたびたび事故といっていいことがありました。

私が無事に子どもたちと過ごすことができるのはなぜだろうかと考えることもあります。その一つは、遠足にしても、運動会にしても、二泊三日の移動教室にしても、登下校にしても、どんなところでどんな事故が起きるだろうかと、いつも予測し検討して事前にさまざまな対策をしてきたことにあったと思われます。そして、さらに工夫しなければならなかったと反省していることも多々あります。移動教室のときは伊豆の海岸や山路を二時間以上歩きます。たいへん多動な子どもを連れていくので、父母会のとき安全に過ごすためにいろいろと話し合いました。

このとき、お母さんは「うちの子の体と先生の体をつないで歩いてくだされば、いちばん安全ですが――」といって、翌日ストッキングをより合わせて縄のようにしてもってきてくださいました。私は囚人でも連れていくような感じがして耐えられませんでした。出発の前、はっと思いついて、そのひもを子どもと私の腰のまわりにまわして、私が小さい頃に遊んだ電車ごっこをしました。その子は電車が好きで大喜び。移動教室で歩くときも電車ごっこでいき、他の子どもにうらやましがられました。そして無事に楽しく過ごしました。これに類するようなことはたくさんありました。

しかし、私がもっとも力を入れたのは生活体験による指導でした。ある日、下校のとき雨が降ってきたので学校に置いてある傘を貸しましたが、それは自分の傘ではないので、もって帰ろうとしない子どもがいました。「かぜひくから傘さして帰りなさい。」と怒っても「先生のいうことをきくね。いい子だから。」とおだてても、手を出しませんでした。「じゃ、ぬれて帰りなさい。」といって、どしゃぶりの雨のなかにおし出して、しばらく立たせてから傘をさし出したらうけ取ってさして帰りました。「ことばよりも体験を」とこのとき思いつきましたが、危いことを体験させることはできません。

九月、下校後、自分のうちの近くで交通事故にあって救急車で病院に運ばれた子どもがいました。骨折していて、退院したのは十一月でした。動けない二カ月間の生活は、この子にとって身体的にも精神的にも苦痛の日々でした。日夜「うちに帰る」と泣き叫んでいたようです。

全快して学校に通うようになった後、校外に出かけるときなど「交通事故になる。入院。」ということばをかけると、信号をよく見て、左右を見て、用心して歩くようになりました。この子は、この体験をとおして交通安全にかかわることばを豊かに身につけ、よく注意して歩くようになりました。交通事故にならないようにと思う長い作文も書きました。

もう一人、渋谷のデパートでお母さんと離れて迷子になった子どもがいました。見当たらないまま、警察にも届けてお母さんはうちに帰りました。この子はお母さんをさがし、デパートを出て、夜の十二時に一人で大田区の自宅まで走りつづけて帰ってきました。そのときのことを作文に書かせましたら、文のなかに井の頭線、銀座線、山手線、東横線、世田谷区、目黒区などを走り回ったことが書いてありました。作文の最後は「おかあさんへかえった。」という文で終わっていました。つぎの日は足が痛くて休みましたが、それからしばらく足の痛みでよく歩けませんでした。

この子には校外に出るとき「迷子になるよ。」と私はことばかけをするようになりました。すると、列から外れて歩くことはなくなりました。多動なこの子がみんなといっしょに歩くことができるようになったのはこの迷子の体験があったからでした。

危険なことがないように気をつけながらも、こうした事故はたまに起きることがあります。この体験を生かすことは大切なことだと思います。そのことをことばと結びつけて理解させることで、いのちを大事にするということもしっかりと身についていくのではないかと思います。

（この項の担当：江口季好）

十　高機能自閉症児の表現指導

三年生までは普通学級（三年生のときは介助員がついて）で学習していた千あきさんは、四年生になって新設された情緒障害児学級に入級しました。コミュニケーションのむずかしさ・社会性の乏しさ・こだわりなど、自閉症独特の問題はあるものの、知的な遅れはなく、学習の面では、ちょっと援助すれば普通学級での学習がほぼ理解できていました。国語に関しては興味や関心が強く、漢字学習はとくに好きで、正確に書いたり読んだりできました。読み取りにむずかしさはあるものの、音読は上手にできました。日記は三年生から書いていて、自分が興味をもったことを書くことができていました。辞典・辞書を見るのが好きで、ことわざや歳時記などよく知っていました。

1　あったとおりに、順序よく書くことから

普通学級を担任したときも、作文指導でまず最初にするのが「あったことをあったとおりに」「順序よく」書く指導です。いっしょにした後、できるだけ早い時間に書かせます。普通学級の子たちと同じくらい（もっと書けない子はたくさんいる）書く力のある千あきさんにもここから指導しようと思いました。四月、昼休みにいっしょに外に出て遊び、掃除の後、五時間目に作文を書きました。

四月十二日　　　昼休みのこと　　　西野　千あき

昼休みになりました。外へ出ました。丸尾さんも出ました。土井先生も出ました。一番はポコペンはでき

なくて、ざんねんでした。タイヤをまたぎました。その時、ぎん君が出現しました。ぎん君は、紙の原料の木の皮を持っていました。そして、あばれました。わたしは、やっつけようと思いました。それで、わたしはにげました。ぎん君がいなくなって、ほっとしました。それから、さっきの花の所へ行きました。それで、チューリップをみました。パンジーもみました。へちまはよごれていました。それで、丸尾さんはあらいました。へちまは緑の世界で拾いました。はじめはいやだけど、後はよくなってしまいました。それから、チューリップをみて、へちまをあらったとたん、チャイムがなったので帰りました。

「昼休みになりました」と書き出しを与え、「した順番に書いてよ。」といってから書かせました。最初の作文ですから、書いたものはそのまま認め、「よく書いたね。」とほめました。しかし、あったとおりに書かれていません。友だちがしようといってポコペンをやり始めたものの、自分はすぐに嫌になってやらなくなったのですが、「……できなくて、ざんねんでした。」と書いています。順序も正確ではありません。わたしが一番気になったのは、「出現・紙の原料の木の皮・緑の世界（草がたくさん生えているところ）」です。独特の世界をもった子の表現だなと感じました。そこで「あったとおりに」「順序よく」書くとはどういうことか理解してもらおうと、五文くらいで書き表せることをその場でして見せて書かせました。すると、こんな文を書きました。

四月十六日　先生がしたこと　西野　千あき

先生が、がらがらと戸を開けました。先生が入ってきました。先生がつくえの前に立ちました。先生が「今日はいい天気だねえ。」

と言いました。わたしは、

「うん。」

と言いました。先生が

「外は気持ちいいよ。お昼休み、遊ぼうね。」

と言いました。わたしは、

「うん。」

と言いました。わたしは、昼休みにシーソーの精といっしょに遊びたいと思いました。シーソーの精はシーソーから頭がにょきっと生えて、どう体が出てきて、足が生えて、目と鼻と口とまゆとまつ毛と耳ができていました。服が出てきました。本当は一年生のいぬいさんという女の子でした。あだ名は、シーソーの精とわたしがつけました。

これは、前日の昼休みにシーソーで遊んでいて、そこにかわいらしい一年生のいぬいさんという女の子がきて、いっしょに遊びながら、「あなたはシーソーの精なの？」といい、話しかけた内容です。いぬいさんはきょとんとした顔で聞いていました。こういうところは千あきさん独特の表現です。

2　好きなことを生かしながら

独特な表現は、ときに奇妙に見えたり、こだわりとして容易に修正できないことだったりして、学校生活のなかで困ることもありますが、本人にとっては楽しいこととして受け入れ、作文を書くのは楽しいことととらえ、書き慣れてもらいたいと思いました。千あきさんは、そのときに好んで読む本などに影響を受けて、大好きなキャラクターができ、繰り返しその話をしたり、絵を描いたりします。そのなかでもキティーが小さい頃から好きで、担任していた三年間をとおして好きなキャラクターでした。休み時間、自由帳にキティーのついたケーキを描いていたので、その内容を知りたいと思い「です。」「ます。」体で説明する文を書いてもらおうと思いました。

五月二十一日　　　大きくなったら　　　西野　千あき

わたしは大きくなったらケーキ屋キティーの店員になります。けっこんはしません。しょく業につきます。ケーキ屋キティーと言うケーキ屋さんを作りたいです。キティーケーキを作って売りたいです。一月は、キティーかがみもちケーキで、二月は、バレンタインハートキティーケーキで、三月は、はろうきてぃひなケーキで、四月は幼稚園入園おめでとうキティーケーキで、五月は、キティーのママありがとうケーキで、六月はキティーのパパありがとうケーキで、七月は乙女座占いキティーケーキで、八月は花火キティーケーキで、九月は、キティーのおたん生日ケーキで（筆者注：九月は千あきさんの誕生月）、十月は、キティーのスイートポテトケーキで、十一月は、キティーの七五三ケーキで、十二月は、キティーのクリスマスケーキです。四季のキティーケーキは、おいしいのを作ってみたいのです。

わたしはこのような表現を受容しつつ「あったとおりに」「順序よく」「会話も入れて」生活の事実を書くように指導しました。すると徐々にこの表現が身についていきました。

3　くわしく書いていけるように

一学期は作文を書くとき、「原稿用紙に一枚」ということがパターン化していたが、二学期になって、「二学期は二枚書こう。」と最初にいいました。すると、すんなり受け入れることができました。そして、「あったとおりに」「順序よく」「会話も入れて」に加えて、「周りの人のしたことや、ようすも」書いていこうと話しました。十月には、こんな作文も書けるようになりました。

いもほりをしたこと

西野　千あき

今日の二時間目の社会に、おいもほりがありました。土井先生が、

「おいもほりにいきましょう！」

と言いました。わたしは、

「はい！」

と言いました。わたしは、小坂さんといっしょにおいもをほりました。カナブンの幼虫が出てきました。わたしは、幼虫を見て、

「おいもを食べなさい！」

と命令しました。幼虫は食べてくれませんでした。小坂さんが、

「千あきちゃん、ほって。」

と言いました。わたしは、

「はい。」

と言いました。それから、わたしは力いっぱいにほりました。手はどろんこになりました。おいもが出てきました。太いおいもでした。わたしは、

「大きいよ。」

と言いました。小坂さんは、

「大きいねぇ。」

と言いました。一こほったおいもを大きなたらいの所できれいにあらいました。おいもはどろが落ちて、き

れいになりました。調理室に持って行くと、二宮先生が、

「おいもを切りましょう。」

と言いました。一人でおいもを包丁で切りました。三つ切りました。かたくはありませんでした。明日、ふかしいもにして食べます。楽しみです。二宮先生が、

「できた人はお外で遊んでいいよ。」

と言いました。わたしはできたので、すが野さんといっしょに広場でマクドナルドハンバーガーごっこをしました。四人の一年生の女の子達は、お客さまでした。わたしとすが野さんは、アルバイトで働く人でした。ハンバーガーとポテトとアイスとシェイクをたのまれました。楽しかったです。

4　心のうごきを知るために

毎日のくらしのなかのできごとを、自分から話すことは少なく、聞けば、簡単に答えることはできますが、心の動きはよくわかりませんでした。書いてもらうとそれがよくわかりました。書いたものを手がかりにして質問すると、もっとくわしく答えることができました。毎日書いてくる日記は、千あきさんを知る上でとても貴重でした。お母さんも「自分から学校のことを話してくれないのですが、日記を読むとよくわかります。それで、会話もでき、ありがたいです。」といってくださいました。わたしも、日記から、友だち間のトラブルを解決したことがたびたびありました。二学期はたくさん行事があり、小さなトラブルを起こすことはあるものの、たんたんとみんなと同じように参加していました。わたしは、そのときどきの心の動きが知りたくて、たくさん作文を書いてもらいました。

一月七日（金）の日記

今日は七草の日です。お母さんに

「七草がゆを作ってね。作り方はわたしが教えてあげるからね。」

と言いました。お母さんが、

「いっしょに作ろ。」

と言って、マルイショッピーで買った七草セットを出しました。おもちも入れておいしいのができました。熱かったけどがんばって全部食べました。お父さんが、

「七草を食べると、『無病そくさい』と言って病気をしないで、いろんなわざわいにあわないんだよ。」

と言いました。後で

「お正月にいろんな物をたくさん食べて、胃が弱っているから、七草を食べて、健康をとりもどすんだよ。」

と教えてくれたので、勉強になりました。

絵を描くのが得意なので、毎回作文を書くたびに、「イラストお願いね。」というと、特徴をとらえてさっと描くことができます。この日記のイラストには七草の絵が描かれていました。

5　いったことばどおりに書くには

自閉症の特性として、千あきさんは耳から聞いたことばが残りにくいようです。目から入ったことばが身についているようです。千あきさんは本から獲得したと思われる標準語を使います。人がいったことばを作文に書く

とき、方言でいっているのに、標準語に近いものに変わっています。「いったことばどおりに」書くとはどういうことなのか理解してもらうために二人の会話を録音して、テープを少し聞いたら止めて、聞いたとおりに書くことをしてみました。すると、聞いたことば（方言）を入れてこんな作文が書けました。

二月十五日　　　録音したこと　　　西野　千あき

先生が、

「今日は二回目の録音をした作文を書く時間です。」

と言いました。先生が、

「今日は千あきさんがしつ問をしてください。できるだけ方言をつかってやってみましょう。」

と言いました。わたしは、

「方言はできません。共通語でないといけません。」

と言いました。先生は、

「じゃ、共通語で聞いてみてください。」

と言いました。わたしは、

「先生は何時におきましたか？」

と聞きました。先生は、

「今日はなあ、ねむかったけ六時に起きたんでえ。」

と言いました。わたしは、

「それからどうしましたか？」

と聞きました。先生は、

「服を着がえてなあ、朝ご飯を作りに台所に行ったんじゃあ。」

と言いました。わたしは、

「それからどうしましたか？」

と聞きました。先生は、

「朝ご飯のメニューにおみそしると、目玉焼きと野菜サラダと作ったんでぇ。コーヒーもな、四はい分入れたんでぇ。」

と言いました。わたしは、

「それからどうしましたか？」

と聞きました。（後略）

これを何回もつづけた後、千あきさんは「聞いたことば」をかなり正しく入れて書けるようになりました。

6　個性を生かして

年間を通じて、事実を「あったとおりに」「順序よく」「会話も入れて」書くことをしてきました。たくさん作文を書いていくなかで、独特な表現はなくなっていきました。否定するのでなく、「お話の世界のできごとは、別に書こうね。」といって、休み時間などに「お話」作りを共にしたことから、事実を書くことと区別できるようになったのだろうと思います。絵を描くことが得意なので、個性を生かして、学年末に絵本作りをしました。
絵本「ミミのペープサート」

しろねこのミミは、公園で友だちのうさぎのピョンとねずみのピピとしまりすのクリに、発表会にする人形げきを何をするか話し合いました。

「わたしは、ペープサートにしたい。」

と言いました。ピョンは、

「エプロンシアターがいい。」

と言いました。ピピは、

「パネルシアターにしたい。」

と言いました。クリは、

「ゆびにんぎょうでやりたい。」

と言いました。（後略）

文も絵もすらすら出てきて、集中して、時間をかけてていねいに色をぬり、かわいい絵本ができました。登場人物はすべて女（雌）でした。交流学級の子たちも、「すごいなあ、千あきちゃんは……」と感嘆してくれました。千あきさんも満足していました。

7　継続して書かしていくこと

手さぐりしながら、思いつくことをいろいろとやった一年でした。千あきさんを知る上で書くことは貴重な手段でした。お母さんは、書くことの大切さ・貴重さをたびたび連絡帳に書いてくださり、全面的な協力をいただきました。元来、書くことに抵抗がなく、力をもっていたので、担任のわたしは楽しみながら実践することができました。

この実践をとおして、自閉症の子どもには、その独特な個性を大切にしつつ、一般的な言語の力を身につけていくことがよい方法ではないかと思われました。それは、社会性の乏しさからくる生活上のさまざまなことを受容し解消しつつ通常の生活者として人間関係を保つ力を伸ばすことでもあるからだと思われました。

（この項の担当：土井正子）

十一　自閉症児と演劇

学芸会で劇をすることになると、その作品の内容をみんなによく理解させ、子どもたちの希望も聞きながら、だれにどんか役をさせるかよく選んで決めて、練習を始めることになります。

『白雪姫』を上演したとき、ダウン症の女の子を白雪姫に選びました。すると、思い入れたっぷりのせりふでみごとに演じてくれました。毒りんごをかじってバタッと倒れたときは、みんな心配しました。王子には自閉症の男の子を選びました。よく練習させましたが情感豊かな演技というところまではいきませんでした。単語にしてもセンテンスの場合も語尾を上げる発声になったり「ねえ」というときなどしなやかに首や体を動かすことがともなわず、ぎこちない演技になって情緒を漂わせる演劇にはなりませんでした。しかし、精いっぱい演じている姿にはみなさんが楽しんでくださいました。

つぎの年の学芸会には『しょうじょう寺のたぬきばやし』をやりました。田舎から出てきている酒屋の小僧に、お母さんが病気だという知らせがとどきますが、酒屋の主人は帰してくれません。ある夜、小僧が泣いているとたぬきがきて、わけを聞きました。話を聞いたたぬきは化けて小僧さんになって通い帳をもち、徳利をもって酒屋の仕事をすることにして小僧さんを帰してお母さんの看病をさせます。病気が治って帰ってきた小僧さんはたぬきに代って元どおり働きます。そして通い帳や徳利をもったたぬきの像を作ってお礼にさし上げます。たぬきがたくさん出てきて、たぬきばやしの歌を歌って喜び、幕が降ります。

この劇では自閉症の子どもたちを大勢のたぬきにして歌わせ踊らせました。しかし練習中には小僧さんにしたり、化けたたぬきにしたりして楽しくやりました。このようなやり方もよい方法だと思います。『はらぺこあおむし』を演じたときは青虫を複数にして自閉症の子どもたちに蝶になってもらって舞台いっぱい踊らせました。

このようにして楽しませることはできますが、演劇指導の本道からすればもっと積極的な内容をとり入れていかねばならないと思います。その内容はつぎのようなことではないでしょうか。

(1)　一つひとつの語の意味を理解させるとき、動作化させること。「見上げる」という単語では一人ひとりの子どもに見上げる動作をさせて理解させることが必要です。「うなずく・飛び上がる・あわてる・持ち上げる・歩き回る」など動作化して教えたほうがよい単語はいくらでもあります。

(2)　ごっこ遊びやジェスチャーやパントマイムなどを楽しむこと。教室で、うさぎのまねをしたり、へびのまねをしたり、ぞうやさるのまねをしたりして遊ぶことも演技力の向上につながります。自閉症児はパントマイムは得意ではありませんが、集団で、またそばにつき添って遊べば楽しんでやるようになります。

(3)　呼吸はみんな自然にしていますが、意識的に鼻からいきを吸わせ、またリラックスさせるようにすること。そして、胸に溜まった空気が滑らかに流れていくようにして、ハミングなどもやらせることは基本的なトレーニングとして価値があると思います。

(4)　いろいろな演劇を見せること。わが国にはたくさんの劇団があって、子ども向けに公演もしています。これらの劇に、テレビではなく、直接たくさん触れるようにしたいと思います。そして、あとで教室でまねをして楽しむこともよいことです。

(5)　また、直接的に劇とつながらなくとも、国語教科書の物語文の朗読または表現読みの指導は演劇に結びつく方向で指導していくこともできます。また、遠足や体育のとき、遠くにいる友だちに大きな声で呼びかけることも、音楽のとき歌いながら踊ったりすること、リトミックなど「森のくまさん」を歌いながら体を動かすことも演劇とことばの指導につながります。

こうした指導のなかで自閉症児の演技力とことばも、少しずつ豊かに成長していきます。「わあ、おいしい。」「ぼくにもちょうだいね。」「いいよ。」という物語のなかの会話を棒読みのように読んでいた子どもも、心情のこもったいい方がややできるようになってきました。そして、情動的なはげしい感情ではない、静かな情緒も内面に少しずつ育っていくようです。さらに、まわりの人々への関心も育ち、相手を見つめていうセリフの練習によって、日常生活のなかでもよい人間関係が育っていきます。

実際の指導の場では、子どもの表情や動作を見ながら、対話できる子どもからは簡単な感想を聞き、おもしろさや楽しさを感じさせるように、押しつけにならないような指導をしていきたいと思います。

（この項の担当：笈川義和）

十二　買い物の学習

1　教室での買い物ごっこ

参観日です。算数で買い物の勉強をします。良夫君のお母さんは、今日は都合が悪いので、竹田先生がお母さんになりました。久美子さんのお父さんがきました。中西先生はお店屋さんです。

自閉症の良夫君は、百円玉、五十円玉、十円玉はわかりますが、本物のお金と本物の食べ物を対応させる買い物は、はじめてです。百円玉二こ、十円玉十こで、三百円の買い物をします。

つぎのような値段でお店を開いています。

りんご	1こ	100円
バナナ	1本	30円
みかん	1こ	10円
キャラメル	1箱	50円
ミニキャンデント	1袋	20円
ぽたぽたやき		10円
あめ	3こ	10円

（目あて）

①百円玉と百円の品物を対応させることができる。

②四十円の品物を買うのに、十円玉を四こ出すことができる。

③おつりのあることがわかる。

④自分で買った物を食べ、買い物の実感を味わう。

本物のお金をもって、良夫君と久美子さんはうれしくてたまりません。買い物の手提げをもって、お店の前にしゃがみこんでいます。

「良夫君、久美子さんいらっしゃい。お店をあけましたよ。」

「こんにちは、とあいさつをしましょう。」

二人は、あいさつをしてから、値段表と品物を見て考えています。

買い物のあと、良夫君はつぎのような作文を書きました。

かいもの

よしお

グリコは　五十円です。みかんは　十円です。４こ　かいました。ぼくのと　にいちゃんのと　おかあさんのと　おとうさんのと　かいました。

ミニキャンデントは　二十円です。４ふくろかいました。

リンゴは　百円です。りんごは　１こです。

バナナは　三十円です。バナナは　一本　かいました。

あめは　三こで　十円です。あめを　6こ　かいました。

竹田先生が「みかんを　かって」

とゆわれました。

良夫君は二十円残して、上手に買い物ができました。めあての①、②、④は達成できました。③のおつりは、ちょっと苦手なので書いていませんが、百円玉を出しているので、だいたいわかっているようです。

2　町での買い物

二百円（百円玉一こ、十円玉十こ）もって町の近くのお店へ買い物に行きました。

お店に入るときに、久美子さんは

「こんにちは。」

と言いました（久美子さんは自閉症児ではありません）。良夫君はなかなかいえません。

「先生といっしょに、いいましょう。」

と、さそうと小さい声が出ました。

お店屋さんには、一つの品物ごとにお金を払い、終わりに消費税を払うようにお願いしてあります。良夫君も久美子さんも、お店のなかをまわって「買えるかな。」「買えないかな。」と考えたり、お店のおばちゃんに教えてもらったりしています。「十円は残しなさい。消費税がいるからね。」出発前にいったことも気になっているようです。

良夫君は、この日の買い物のことをつぎのように書いています。

かいもの

よしお

ぼくは　チーズむしぱんを　かいました。
120円です。百円1こと　十円2こを　おばさんに　だしました。
あめは　二十円です。3こ　かいました。
チロルチョコレートは　十円です。3こ　かいました。
しょうひぜいは　1えんだまです。

合計百九十円の買い物です。消費税分十円を残すことをよく覚えています。「しょうひぜいは　1えんだまです。」は、消費税六円（このころは三%）を十円玉から払うと　一円玉のおつりをもらったということです。
学校での買い物は、楽しかったり、おいしかったりで、満足感を味わったのですが、お店屋さんでの買い物は、ずいぶん緊張していました。品物の代金も消費税も合計して払うのがふつうなのですが、良夫君や久美子さんには、「チーズむしパンは百二十円」という、パンのもつ形や大きさや味わいと、値段を対応させることで、買い物を体で感じさせたかったのです。
このような指導は、学校教育としては家庭科実習などのとき以外はそうたびたびはできません。しかし「買い物」は将来にわたって大切なことですから、父母会などでよく話し合って、近所のお店に買い物のお使いをさせるように話して、家庭教育としてすすめていけるようにしたいと思います。

（この項の担当：中西弘子）

十三　パソコンを活用して

忘れもしない窓から見えるへちまの花の黄色が目にしみるあの日、しゅうちゃんが教室にまさに飛び込んできました。そしてササッと教室のなかをすばやく見回し、やにわに鉛筆削り器の側に置いてあった消しゴムをガブリと口に入れ、窓に駆け上がり、車道を見回しています。お母さんとおばあちゃんが付き添い、来年の春、この学校に入学したいということで教室を見に来られたのです。そんなしゅうちゃんと私の出会いでした。

不安と期待で迎えた入学式、お母さんもいっしょに脇についていてもらいましたが、列にいたのも一瞬のこと、床に寝そべりゴロゴロしていたかと思うとスルリとお母さんとおばあちゃんの手を抜け、やにわに壇上へ駆け上がり、校長先生の頭を撫で撫で。一瞬の素速い動きにただただ驚くばかり。そんな学校生活一日目のしゅうちゃんでした。

1　ラ・ポートづくり

自動車を見ると、ナンバープレートを見たいがために走っている車でもお構いなしに向かっていくしゅうちゃん。危険を予知できなく、突然走り出すしゅうちゃん。目の前に紐を振り振りし、だんだん興奮して奇声をあげるしゅうちゃん。制止するとガブリとかみついたりひっかいたりするしゅうちゃん。私の方がパニックでした。さて明日からどうしよう、まずはしゅうちゃんとなかよしになろう、それからだ、と悲愴な決意をしました。

入学して一週間はお母さんにいっしょにいてもらい、ようすをみました。二週目からお母さんと登校してさようなら。はじめは大声で泣き叫びどうなることかと思いましたが、だんだんに「じゃあね」と離れることができるようになりホッと一息。

仲良しになるために、まずはしゅうちゃんと同じ目線で同じ物を見て同じ体験をしてみようと思いました。そして少しずつ少しずつ、しゅうちゃんとなかよくなっていきました。

2　パソコンを使って

しゅうちゃんは動く数字、ビデオのカウント、ストップウオッチ、ストーブのスイッチ。そして車のナンバー、自転車の登録番号等などが大好きです。だから教室にあったパソコンをいじるのが大好きで、私が少しもわからない操作をして動く数字を楽しみ、興奮して甲高い声をあげていました。

そこでその楽しみの前にコミュニケーションを育てる内容を入れて、それが終わったら動く数字を楽しんでもいい約束をしました。

私の学校の情緒障害特殊学級は一人学級のため、電車で三〇分ほどのところにあるN校の特殊学級と一カ月に一〜二度ほど合同学習を行っていました。はじめは、電車に乗るだけの興味から、回を重ねるごとに「N小学校いくの」（N小学校にいきたいの）というようになりました。しかし十一月の「マラソンをしよう」「鉄棒ぶら下がり競争をしよう」「リンゴの皮むきをしよう」のマラソンが相当つらかったからか、しばらくは「N小学校いかないの」といっていました。でも相手校のN先生が気に入り、会うといつもべったりくっつくほどになりました。

そんな経験をふだんの学習にも活用したいと考え、しゅうちゃんが興味をもっているパソコンを利用し、なおかつコミュニケーションを育てる内容をと願い、本校のパソコン主任に相談すると「チャットがいいのでは」というアドバイスでした。メールがお手紙とするとチャットはおしゃべり、というじつに解りやすい説明でした。しゅうちゃんは長い文でお話ししたり、長い文を読んだりするのは得意ではありません。そうか、これだ！こんなことをやってみたいな、と話すといいアイデアを出してくれる教師集団はすてきなものでどんどん活用しようと思いました。

ちなみに、しゅうちゃんがこれまでにコンピュータで学習したことは、以下のことです。「レザークラフトでモミの木を作ろう」「キッドピックスで描いた模様を下絵にしてしおりのプレゼント作り」で友だちに、お世話になった先生に感謝の気持ちを添えてプレゼントをあげる学習をしました。算数戦士ブラスターやマルチあきんどというソフトで計算の練習もしました。N小学校の友だちが学校に遊びにくるときは教室までの案内のポスターをパソコンで作りました。大好きなパソコンをやるときは、はじめ手はお膝で静かに指示を聴くこと、コンピュータノートに今日のめあてを書き自己評価すること、通級の友だちがきたときには順番を守ってすること、好きなゲームやソフトは課題が終了して先生にシールをもらってからすることなど、だんだん約束事が守れるようになってきたことは入学時からは考えられないうれしい進歩でした。

3　チャットを利用しての授業

インターネット上のおしゃべり＝チャットは、電話ではコミュニケーションできない本児にとっては、あらかじめメモしておいた質問文を文字に打ち、短い会話をやりとりするなかで、質問するときの文型を押さえたり、後でチャットの文をプリントしてやりとりを振り返り、整理することができ、有効な方法でした。そのときのチャットのやりとりは次のようでした。

S男　こんにちは

N君は体重何キロですか。

N男　体重はわかりません。

いかはいかでも、はたけにすわっているまるいいかはなあに。

S男　すいか

N男　せいかいです。ぼくのかぞくは6にんです。

S男　ぼくのかぞくは3にんです。N君の得意なスポーツはなんですか。

N男　すけぼーです。まんなかはたべられないおかしはなあに。

S男　ドーナツ

N男　せいかいです。

S男　そろそろおわります。さようなら

N男　十二月十三日にきてね。ばいばい

S男　バイバイ

という具合にやりとりをしました。ドーナツのクイズは、前回の合同学習のお茶会でドーナツを食べたことを思い出してのクイズだったのでしょう。とてもいいクイズを出してくれたな、と感心しました。さりげなく次回の合同学習を教えてくれたN君、しゅうちゃんは「ともだち」といって写真を指さしていました。

こんなやりとりを何回かするうちに相手を意識してきて「N小学校、いくの」と口にするしゅうちゃんでした。この後、十二月十三日にＮ小学校のスキー山でいっしょにスキーを楽しみました。二月十日にはいっしょに弘前城雪灯籠祭りにいき、巨大滑り台で大きいタイヤに乗り、滑った後、レストランで昼食会をしました。三月三日ひな祭り会ではどらやき作りをしておいしくいただきました。

動く数字が大好きなしゅうちゃんは今では六年生。ますますパソコンの文字入力も早くなり来年は中学生。離れていても通じ合えるインターネットでお友だちともっと仲良くなれることを期待しています。

（この項の担当：細羽見ゆう）

第6章

希望——長期的展望

一　自閉症児の親として

息子の宏紀は自閉症です。

一歳すぎても言葉が出ないし、一歳三カ月過ぎたとき、はじめて「マンマ」といいました。「ああ、よかった。しゃべれる。」と喜びましたが、その後ことばはほとんど増えず、一歳半くらいから「マンマ」とも、「ブーブー」ともいわなくなり、まったくことばが消えてしまいました。心配になって、区の育成室にいきましたら早稲田の療養センターを紹介されました。精神科の医師は「また、ことばが出てくるかどうかわかりませんが、声かけはしていって下さい。」といわれました。そして三歳半ころ「自閉症です。」といわれました。どうしてかと思って原因や治療について聞きましたが、はっきりとしたことは分らないということでした。

五歳のとき江戸川区の保育園に入園しました。ここで、宏紀は担当の先生のメガネに興味をもったようです。メガネを見にきたりさわったりするので先生は「これはメガネよ。」と教えて、その後毎日「メガネ」「メガネ」と教えてもらってるうちに「メガネ」といったそうです。これをきいて「ことばが、また出てきた！」と喜び、園でもたくさんことばかけをしてもらうように頼み、家庭でも簡単なことばを何回もいってやるようにしました。すると、カメを見て「カメ」といったり、動物の絵本を見て「ゾウ」といったりして、少しことばが復活してきました。

小学校に入学し、スクールバスで通うことになりました。いろいろ話すことができるように、家では家族みんなで話しかけるようにしました。ところが、話しことばはあまり出てこなくて、バスから見える看板などの文字をおぼえてきて、鉛筆で紙に字を書くようになりました。その文字を私のところにもってきて、読んでほしいと要求しているようでした。そこで私が読むと宏紀は聞いているだけでした。三カ月ほどつづけていると「動物病院」「株式会社」「閉店」「入場無料」などと書くようになりびっくりしました。学校では給食のメニューを先生が書いて、それを宏紀に見せて「ハンバーグ」「スパゲッティー」などといって黒板に書かせたりして下さいました。だから文字はかなりおぼえました。三年生になると「都営浅草線」「都営三田線」「営団東西線」などと漢字で書くようになりました。自分で書いて私に見せにくるので、読むとうれしそうでした。しばらくつづけて「宏紀、いってごらん」といったとき地下鉄の名前をいったので、このとき、はじめて、私と対話ができて、自分でことばをいうことができたと感じました。このとき、家中で「宏紀、えらい。」とほめてやったら、うれしそうな表情をしました。

この後も、いろいろな字を宏紀が書いて、それを私が読み、そして私が宏紀に読ませるようにしました。ある日、料理の本を私のところにもってきました。それを見て私が「すぶた？」「カレー？」「スパゲッティー？」などと、作ってほしいものが何かをきくと「スパゲッティー、チャーハン」などというようになりました。おうむ返しでいうのではなく、単語で応答するようになりました。料理の本をもってきて「チャーハンつくって。」というようなことばがいえるようになればいいなと思いながら、私がひとりごとのように「チャーハンつくって」などといっていました。

中学生になりました。どのような成長が見えてくるのだろうと思いつつ、どうしたらことばが出てくるのかわからず、学校の教育に期待しました。すると、音楽の時間に教えてもらった「太陽がくれた季節」や「ががらヘビがやって来た」という歌が好きになって家で歌うようになりました。家ではどこかに出かけるとき「駅まではバスに乗っていく。」「そこから東西線に乗って行くよ。」などと、いつも話をしてから出かけるようにしました。すると出かけるとき、自分の方から「バス乗る」「タクシー乗る」などというようになりました。音に敏感でラジカセやCDはきらいだったのに、音楽が好きになって歌うようになったら、兄といっしょにCDをきくようになりました。

今は文字を書いて自分の食べたいものを伝えたり、単語でいったりするようになってからパニックが減ってきて、よかったなと思っています。そして、どんなところに出かけても「バスに乗るときは並んで乗るの。」「スーパーではレジで並んで買うの。」などとくり返し教えていますと、よくわかってきて、買い物も一人でできるようになってきました。そして最近は「おふろ、はいろう。」「家、帰る。」など助詞は入れられませんが、ことばを二つつづけていうようになりました。

私は息子のこういう成長を喜びながら、多くの人たちに、自閉症のこともわかってもらって、息子が社会に適応して生きていけるように育てていきたいと思っています。

（この項の担当：村松明代）

二　良一君の六年間の成長

一年生

入学式のときから、一時もじっとしていない子であちらこちらに興味を示しては突進していました。とくに水がすき、水槽の金魚をあっちへ入れたりこっちに入れたり、校庭の観察池に入ってバケツにいっぱい金魚をすくってきたこともありました。

入学式で聞いた校歌を翌日には口ずさんでいたりしてびっくりしましたが、めったに口を開かず、あいさつなどを教えるとおうむ返しでした。行動を阻止されると「ゴメンナシャーイ」と泣き声をあげていました。とくに書くことが嫌いでクレヨンや鉛筆をもとうとしませんでした。

『ノンタンぶらんこのせて』『あいうえおうさま』『しゅっぱつしんこう』の絵本でいっしょに読む学習をしました。絵本は好きで読んでもらうとすぐに覚えて、こちらが一字でも間違えて読むと訂正をさせられました。一人でロッカーの上に腹ばいになって絵本を見ていることも多くなりました。会話は相変わらずおうむ返しでしたが、絵本の文を代わりばんこにいい合ったり、ゲーム機の音声で「じゃんけんぽん、キョンシーのまけー」と独り言をいっていたので「良ちゃんのまけー」といってあげるとニヤッと笑って「アンパンマンのまけー」「バイキンマンのまけー」…とことば遊びをするようになりました。音声は機械音のようでとても早口でした。

二学期のなかごろにはじめてチョークで「ボーが一本あったとさ…」の絵描き歌を自分から書きました。弱々しいタッチでしたが少しずつしっかりとしてきて画用紙にも書いてくれるようになりました。絵描き歌はかく順番が決まっているので安心してかけるのでしょう。

三学期。『あいうえおうさま』をどんどん暗記していきましたが、お気に入りは、

『むしをつかまえ　むこうをむけと

むりにおしえる　むちゃなおうさま』

という詩でした。どの詩もいちばんはじめの字を見せるとすらすらと唱える良一君でしたが、絵だけを見せるとはたと戸惑っていました。字と詩は即座に結びつくけれど、イメージ化されていないのです。絵を見て唱えるやり方をつづけるうちに、早口だったのがゆっくりいえるようになり、ヒントの絵をじっと見つめながら（なんだったっけー？）と考えるようになったとき私たちは拍手を送りました。ことばが内容をもち始めたな、イメージし始めたな、とうれしくなりました。また、他の子が『おうさま』の絵と詩を書くのを見て、先生にクレヨンをもたせその上に自分の手を乗せて動かし絵と字を書くようにもなりました。ひとりでかくことは非常に不安なのです。

二年生

日記の時間に、月　日　曜日、その日の時間割を蛍光ペンで書くとなぞって書きました。自分から何か書いているときがありました。見ると、かたかな、数字、アルファベット、ところどころにひらがな…？　意味がよく分からないものでしたがそれらはパチンコ用語でした。このころすでに、ひらがなはほとんどマスターしていたようでした。いってもらえば文章も書けるのですが一人で書くのは大嫌いでした。交流会のお礼の手紙をいって

もらいながら『土よう日、よしだりゅう一くんあそんでくれてありがとう。いちかわりょういち2ねん』とべそをかきながら書きました。『プールにはいりたい』というような好きなことは、七夕の短冊にけっこうすすんで書いていました。

このころ、読む字にも濁点をつけるおふざけにこっていました。『は、は、春だよ…』という詩に『ぱ、ぱ、ぱるだよ…』と読んだり書いたりしてはけらけら笑って他の子どもたちにも伝染させました。

朝の会での決まったやり取りや簡単な問いかけにおうむ返しでなく答えられるようになってきました。十月のお誕生会で「良ちゃん何歳になりましたか？」「八歳になりました」と答えていました。自分のやりたいことをやってほしいことだけははっきりことばで伝えるようになり、「○○さん（なぜか先生といいません）やってください。○○さんやってください。」と熱心にいってきました。

二学期になってかたかなに気持ちを向け始め、これは相性がよいようで、払ってとめてといいながら練習ができました。国語は林明子さんの「とんことり」「はじめてのおつかい」「きょうはなんの日」を良一君を含めた四人のグループで学習していました。すぐに席を立ったり好きな遊びを始めたりしてしまうのですが、耳はしっかり学習に参加していて教室の隅から受け答えをしたりしていました。

三学期、掃除が終わるとすぐにノートを出して日記を書くようになりました。日記を書かないでお迎えのバスに乗り遅れ、大泣きをしたときから観念したようでした。一人で書いたものは意味不明な語句が並んだり、掃除始まりを告げる放送のせりふだったり、本の題名だったり、「イトーヨーカドーじゃない三ねん二くみ一くみじゃないうんこパンじゃないします×」とふざけていったことを書いたりするようになりました。ときには、文末から書いていくというような芸当もやって私たちをびっくり仰天させましたが、少しずつ聞いたことば、いったことばが文字にできるようになりました。

三年生

「六月二二日水曜日雨です」と良一君。

「雨なのでプールには入れませんねえ」といわれつまらなそうな顔をしていたと思ったら、やおら紙とサインペンをもってきて「六月二七日木はれプール」と書きました。自分の気持ちを文字で表現したのです。

毎日の絵本の読み聞かせでは机の上に身を乗り出すように聞いていました。生き物が大好きで「せみの一生」「両生類」などをもち歩いていました。教室のおたまじゃくしやアゲハの幼虫にも夢中でした。あおむしを覗き込みながら発したことばを書きとめておき、いってあげるとつぎのように書きました。

「あおむし　〇〇りょういち　はぱたべてる。はね。はらぺこあおむし　さんショノハパタベマス　プールでむしつかまえた。三びき。あおむしといっしょ。むしとんでいっちゃった。」はね　というところは（はねがでてちょうなるんだよ）といいたかったのでしょう。この日記は自分でも気に入ったと見えて自分ではなまるをつけていました。

「うんどうかい　かけっこしました。一コース　よーいドンはした。はしった。はした。一いだ。八本（木？）ぶしやりました。ボうもってやりました。〇です。つなひきやりました。きいろぐみかちです。それいけアンパンマンやりました。りょうへいくんとびばこのりました。きいろぐみ一コース一いだ。おべんとうたべました。おかあさんとたべました。さけごはん。」

「つぎはなにやったけ？　良ちゃんは何位だった？」などとお話しながら書かせましたが「負けました」と書

くのはいやで「一位だ」といいなおして書いていました。一位にこだわっていて、このころは歩くときも先頭、雑巾がけさえ先頭を走らないと泣いていました。

十月ごろ三人グループで助詞の指導をしました。算数でもそうでしたが、プリントへ書き込む要領がわかるとどんどん自分から取り組み、ときにはカンニングなどもして「お隣と同じ文はだめ。」といわれ自分なりのことばに変えることもできるようになりました。三学期になって、自分ひとりで書いた文章に助詞が見られるようになりましたが、会話のときは抜けることが多かったです。書く作業は好きではなかったけれど、書くとコピーをしてもらえるということでせっせと絵を描き文をつけていました。

四年生

五時間目は相変わらず日記の時間。一人で書くときもあれば、「先生書く（書いて）。」といって自分のいったことを蛍光ペンで書かせて自分はなぞるというやり方だったり、R「きょうは…？」T「きょうは何を見たの？」R「きょうはありをみた。」T「そう、じゃあ書いてごらん。」…というやり取りをしたりしながら書いたりしていました。

生き物と並んで電車にも夢中になる良ちゃんでしたが『山手線一周』の遠足を経験してから、がぜん電車づいてきました。

「おはようございます。今日もヨロシクお願いタシマス。金ようビハデンシャニノリマシタ。川口カラ田端マデ京浜東北線、田端カラ池袋マデ山手線、池袋カラ赤羽マデ埼京線、赤羽カラ川口マデ京浜東北線。今日もヨロシクお願いタシマス。」（七月）

はじめと終わりはお母さんの連絡帳を真似たもの。漢字は視写となぞり。「川口から田端まで京浜東北線」といってあげるとこのパターンを理解して一人で書きました。こういうときはこう書くのだという表現パターンをたくさん習得させたいと思いました。九月に大宮の交流センターにいったときも「大宮駅からソウゲイバスで交流センターにイキマシタ……」と書けていました。

二学期に詩の勉強をしました。『のはらうた』のなかからいくつか読んだり、暗唱したり、視写したりしてから、詩を書くことも挑戦。日記の時間にその日の楽しかったことを一対一で話し、そのおしゃべりを書き留めて視写させました。良一君とはとくに楽しかったことが共有できるような生活を心がけました。ケタケタと笑い転げながら遊んだりボールゲームをしたとき彼はそのことを詩のテーマに選びました。

スプリンクラーガマワル

シュルシュルシュルシュル
それから　シュルシュル
えーとね　それから　クルクル
えーとね　シュルシュルシュルシュル
それから　シュルシュル
えーとねえ　川デキタ
スプリンクラーノ　お水の　川デキタ

シシュウビョウ

シシュウシマシタ
キイロデ　チクチクチクチク
アオデ　チクチクチクチク
シシュウビョウニナリマシタ
白ト黒ト赤トピンクシマシタ
チクチクチクチクチクチク
シシュウデキマシタ
エートネエ先生カラ
シシュウデキマシタカ？
シシュウビョウデシタ

こういうことば遊びが大好きでした。

自分がしたことを話すと先生が字にしてくれる。このことはよく受け入れて日記や作文も書きました。「ブレートくんのくつをはいた子がいました。」というような文も見られるようになりましたが、友たちのことや気持ちを書くことはまだできませんでした。

五年生

自発的な会話は相変わらず少なく、日記や作文もそのつど支援を必要としました。気が向いて一人で書いたものは、彼の頭のなかを象徴するかのようにいろいろな経験や記憶や要求などが脈絡なく並んでしまうのです。

「きょうは何を書く?」といっしょにテーマを考えたり「それから?」と促す声かけが必要でした。動物園にいった後などは、声かけで順序よく二八〇字ほどの作文を書きました。ひらがなとかたかなと漢字が入り混じり、語尾はぜんぶ「でした。」となっていました。「ここはひらがなよ。これは漢字で書けるでしょう。」といえばできないこともないのですが「もういや!」と席を立ってしまいかねません。

毎日一枚の漢字練習にも取り組んで、書き順、熟語(辞典活用)、文づくり(声かけ)ができました。書き順には非常にこった時期もありました。

六年生

声変わりし始めおでこににきびをつけた良一君、行動も落ち着きいつも哲学的な表情で自分のなかで何か考えているふうでした。とてもシャイで自分から話しかけることはめったにありませんでしたが、あいさつや簡単な返事はおうむ返しでなくなりました。図鑑をじっと読んでいたりソフトペンで絵を書くことに熱中していました。「ポケモン」のキャラクターを細かく色彩豊かに描いたり、地下鉄に興味をもち始めてからは地下鉄の正面から見た絵を路線別に繰り返し描いて、その正確さと色の美しさには感動させられました。ことば遊びの類も大好きで上から読んでも下から読んでも同じ言葉を考えてコレクションしました。

三学期の作文です。

市川りょういち

花やしきいって地下鉄はくぶつかんにいきました。

花やしきいきました。スカイシップをのりました。ヘリコプターをのりました。アヒルさんにのりました。メリーゴーランドをのりました。ゲームをやりました。うんてん手になりました。かえりは地下鉄はくぶつかんにいきました。浅草から日本橋、かさい地下鉄はくぶつかんにいきました。それから丸の内線と日比谷線と千代田線を見ました。パノラマをみました。おもちゃやさんでA6れっしゃでいこう。ほしいでした。プレイステーション2ほしいでした。

良一君の六年間の歩みをたどってみて、学年ごと、学期ごとの指導がこれでよかったのかと思い返さないではいられません。自閉症児の育て方が教育学的に、医学的にもっとすすんで、教室現場にとり入れられて、一人ひとりの子どもに即してよい教育実践がすすめられるようになることを願わないではいられません。

（この項の担当：宮本宣子）

三　個性を生かす

子どもの教育については在学中、もしくは成人するまでを見通していくことが大切だと思いますが、障害をもつ子どもたちについては、さらに長期的な見とおしをもっていなくてはならないということを、私は強く感じています。

自閉症児のことばの指導についてはさらに長期的な見とおしをもたねばならないと思います。このことを強く感じたのは私が小学校のとき担任した小口裕樹君が三十歳になった今の生活を見てのことでした。

ひろ君はいま運輸会社に勤めています。正確に伝票の仕分けをし、まちがいなく整理する力をもった有能な青年社員です。

ひろ君のようすが心配でお母さんが病院に連れていって診察を受け「自閉症」と診断されたのは三歳のときでした。まなざしが合わないし、話しかけても返事をしないし、ときどきおうむ返しをする幼児でした。ひろ君は五歳くらいから車に興味をもち始めました。新聞や広告の車を見ることや道路を走っている車に心をひきつけられ、車の名前をたくさんおぼえました。

一年生に入学したとき、よく独り言をいっていました。紙をやると喜んで車の絵を描き、そばにかたかなで車の名まえを書いていました。このことは三学期になってもつづきました。子どもたちに短い詩を読んでやり、文字の読み書きを指導し、昨日のことを話させ、詩らしきものを書く個別指導をしているとき、ひろ君はつぎのようなものを書きました。

車

おぐち　ひろき

クラウン　マークII　コロナ　カリーナ　カローラ　セリカ　スターレット　スプリンター　チェイサー
ギランΣ　ギャランΛ　ランサー　セレステ　ランサー　スカイライン　グランドファミリア　コスモスタ
ンザ　ローレル　シルビア　バイオレット　グロリア　サバンナ　セドリックワゴン　チェリーFII　いす
ずクーペ　センチュリープレジデント　フェアレディー　サニーエクセレント　ブルーバードU　フェラー
リBB　マセラティメラクSS　ロータスエリート　デトマスパンテーラ　ロータスヨーロッパ　車　車
車。

〈詩集いけがみ22集〉

他の子どもたちは、たいていつぎのようなものを書きました。

あさがお　　二ねん　いちかわ　のりこ

おぐちひろきくんのあさがおさきました。
いちかわのりこちゃんのあさがおさかない。
かおるちゃんのさかない。
まこととくん　さかない。
せんせい　さかない。

のりこさんはダウン症です。話させて、書けない字は教えながら書かせたものです。このような作品とくらべると、小口君のはまったく異質なもので、これが自閉症児の作品なのだと思われました。

三年生になったとき、みんなに、

「今日、家から学校まで、どんなことをしてきたか、どんなものを見たか、だれとどんな話をしたか、よく思い出して書きましょう」

と言って書かせました。「ままときました。はしのところに、はといました。あるいてきました。がっこうあった。」などと、みんなは書きました。ところが、小口君は途中の家の表札や看板の文字を書きました。私は驚いて見ていました。

家　　　　　　　　小口　裕樹

関川直介　荒川茂　斎藤孝夫　横川信男　前山隆　菅井陽一　佐藤正次　岡井隆　山口昭三　東充稔　吉川仁　津田広子　山本健男　土屋勝　近藤利郎　原産婦人科

私はこのときから小口君に自由には書かせないようにしました。私と話し合いながら命令的にリアルな文を書かせることにしました。

きいちゃん　　　　　　　　小口　裕樹

きいちゃんがあそびにきました。ブロックであそびました。あそんでから、かたづけました。さようならをしました。夕ごはんのおかずは、とんかつでした。テレビをみました。

おとうさんとおふろに行きました。かえってからむぎちゃをのみました。はみがきをして、ねました。

（三年生　十月四日）

私は毎日、昨日のことを話させて、いっしょにこのような日記を書かせました。

私がひろ君のそばにいて、書こうとすることを話させながら書かせていくと、かなりまともな文章が書けるようになりました。お母さんが連絡帳に書いてくださる昨日の一日のことと一致する作文が書けるようになりました。そこで、もう私の膝下指導によらなくても一人で昨日のことを正確に書けるのではないかと思って、朝一時間目にみんなに昨日のことを話させてから一人で書かせました。ひろ君はこんな日記を書きました。

○きのうは、お父さんをおしごとを行きました。お母さんのおうちにいるよおとうさんをやります。ボールをかたづけます。ボーリングをかたづけます。おわりです。（十月十四日）

○きのうは、お母さんととこやさんがいきました。ドラえもんみました。お父さんがきました。まこちゃんおうちが行きました。夕方をごはんを食べました。（十月二十二日）

私は助詞のあやまりが多いので、一つひとつどんな助詞を使えばいいのか「きのうは、お父さんを、お父さんの、お父さんに、お父さんが」と聞き、「お父さんが、がいいね」と話して「お父さんがおしごとに」と推敲させました。

自閉症児の助詞の指導法にはいろいろの方法があると思います。やがて、ひろ君と対話しながら推敲させるのではなく、まちがった助詞のそばに、いろいろな助詞を書いてやって自分で選ばせるようにしました。また「きのうが　お母さんが　ひろ子さんが　うちが　いきました」というような文を書いてやって「きのうは　お母さんと　ひろ子さんの　うちに　いきました」と、助詞を直すテストのようなこともしました。また『こくご1』の二六ページ、二七ページ、二八ページを読ませながら、それぞれの文を覚えさせたりしました。どれが効果的であったのか、はっきりわかりませんが、かなり助詞が正しく書けるようになりました。助詞が正しく使えるということは、物と物、人と物、人と人などの関係を認識するうえでたいへん大事なことです。詳しくは『こくご学習指導の展開』（同成社）の「障害のある子どもの文法指導」の項をご参照下さい。

しかし、ひろ君に対する私の助詞の指導は、かなり心理的プレッシャーを与えていたようでした。十一月になって、いつものように日記を書かせようとすると、私の指示をまったく拒否して自分が書きたいことをこう書きました。

日記十二月十一日　　小口　裕樹

江沖洋深海湖清泳油決酒消温汽活
松林校板柱根村相札杉横梅桜機械
休体使伊住他仙代化仕付働侈佐何
語話読記計調討訓設訳詩詞説誠論
打扱技招抜捨拾拍押投拝折持捕指
銀銅鉄釣針銭銃鉛鏡釧鉢鈴鋼錨釘
終紙網緑細約絡線紅紀続綿経級純
花草葉苦菜薬茶若苗茎茅蒲藤茨菊
室家宇宙宮字定富穴実安空宿究突
近遠進追道通送辺迫迷退逃逆速運

ひろ君はこのような漢字を書きたくてたまらなかったようです。漢字は縦十五字横十字です。これは大田区で心障学級用に作っている日課帳の一ページです。私は日記を書かないで楽しそうに漢字を書いているようすを見ていました。書いてしまってから、ひろ君は満足しきった笑顔で私を見つめました。私はこの喜びの感情を大切にしたいと思いました。このとき「「空」は、うかんむりではないよ。あなかんむりだよ。」などと注意しましたが聞いていませんでした。

でも、あまりほめて、日記を書くとき漢字ばかり書くようになっては困ります。

「ひろ君。また明日から日記を書こうね。」

と約束して、この約束はしっかり守らせました。

この漢字のなかには沖縄の沖、清水市の清、札幌の札。仙台の仙、佐賀の佐、鈴鹿市の鈴、網走の網、茨城の茨、宮崎の宮、室蘭の室などがあって、地図で覚えた漢字があります。

そして、二十年後――。

「ひろ君、今どんな仕事しているの」

と聞くと、「札幌、旭川、室蘭……」と伝票を仕分けする手まねをして教えてくれました。給料もちゃんと高卒並みで働いています。

今、私は東京都大田区教育委員会で設置している青年学級（障害者）も担当しています。このなかで作文の指導もしています。一人ひとりに作文ノートをもたせ、日記や学級行事、家庭のこと、会社や作業所の仕事のこと、社会的な事件について感想を書かせたり、また詩や俳句なども書かせています。小口君に「会社の仕事のことをいろいろ教えてね。」といって、題名を考えさせて書かせました。題名は自分で考えて書きました。全文を転載します。

ヤマトエキスプレスのすべて

６班小口裕樹

僕は朝７時４５分ごろ家に出て東急多摩川線の武蔵新田から蒲田まで電車に乗って、京急蒲田まで歩きます。そして京急空港線の京急蒲田から羽田空港まで電車に乗って行きました。駅で降りてヤマト運輸株式会社のそうげいバスで羽田エキスプレスまで行きます。

タイムレコーダーにカードを入れて押します。朝の朝会はまず最初はラジオ体操をやって、みんなで運送作業を守るために願っています。まず最初はボックスを作ったり九州タイムを流したり又ボックスをならべたりコンテナを引っぱり書類を分けたりクールの冷凍や冷蔵を分けたりしています。僕は６８番の冷凍と冷蔵とⒷの仕事を荷物の整理をたくさんつめこんでやっています。そして２０番代や３０番代などが前倒しをやっていろいろな荷物の整理がいっぱい会《ママ》って他の人達が流すなと思っています。その日はカットで重い物を流す時は一生けんめいちゃんと働いているように、とてもがんばりました。それから夕勤の人達がいっぱい来て、人数がたくさんいます。１４人ぐらいいます。

お昼はみんなでしだし弁当を出して食べたりお茶を飲んだり昼休みはのんびりしたりしています。そして1時から又仕事をして６０番代のクールとⒷは終了してその次はスキーやゴルフやバッグなどがたくさんボックスに積めこんでいます。トラックはドゥベストが来ています。4台ぐらいそうです。続いて4時からはタイムサービスの流しを始めて他の人達は中国、四国、北海道、北東北や九州などがたくさん受けをやっています。僕は又書類をやったり最終便と１９、３９番のコンテナヤードの荷物を分けたりしてその次は沖縄をやっています。

その次はエアータイムが終了して5時20分頃に仕事が終ります。帰りは京急から電車に乗ってそして東急線に乗って家に帰りました。お母さんとお父さんは僕働いているからえらいと思っています。お給料はお金をふうとうに入れてもらいます。１５万円もらって来ます。お給料はお母さんとお父さんに渡して下さいと思います。給料あげるとお母さんはとてもうれしいです。僕以外は石橋さんや田中さん達は5時半ごろから最終便をやっています。他の人達は夜勤の人がいっぱい来てまず最初は体操をやったりトラックヤードや都内便やロケット便などが深夜作業の仕事をやっています。僕は月曜日から金曜日まで働いています。土曜日と日曜日はゆっくり家で休んでいて他の人達はヤマト運輸羽田エキスプレスを働いています。

僕は日曜日には若草青年学級があるからうれしいです。僕達は軽スポーツをしています。なわ飛びやバスケットやリズムなどがたくさんやっています。昔は演劇や陶芸や料理や音楽コースなどがいっぱいやりました。

（『若草青年学級文集２０００年』から）

小口君はこれまで「ました。ました。」と過去形の時間の経過にそった書き方でかなり長い作文を書いていましたが、この作文は私への回答としての説明的文章ですから「です。ます。」という説明的表現になりました。これは高度な表現です。会社の仕事をよく理解して、読む人によくわかるように文法的にも正しい文章が書けるようになることは、自閉的障害の克服となります。また、小口君の作文をとおして私は自閉症児の指導について大切なことを学ぶことができました。私はしばしば小口君がかたかなを書きたがり、漢字を書きたがることについて「困ったことだ」と思い、どうしたらいいだろうと悩みました。そして私は小口君の個性を修正する指導力はありませんでした。小口君は自分なりに成長していきました。そして、自分の個性によって自分で生きる力を身につけていったのです。小口君は好きな漢字で自分の人生を切りひらいているのです。

今、私は自閉症児の教育について、個性を生かすという方法を大切にしていかねばならないのではないだろうかと痛切に考えさせられ、子どもたちを見る目を自らきたえなければならないと自戒しつつ、自閉症児の新しい教育の希望をいだいています。

（この項の担当：江口季好）

あとがき

二〇〇〇年七月号の『歴史地理教育』という雑誌を開いていましたら、川崎医科大学の片岡直樹氏の論文が載っていて、私は目を大きくして読みました。

「四〇年前、自閉的障害の子どもたちはほとんどいませんでした。五〇〇〇人に一人といわれていました。（中略）現在、自閉症と診断される子どもたちは二〇〇〜三〇〇人に一人と急速に増加しています。さらに、対人関係の希薄さがないため自閉症にはあてはまらないけれども、友達と遊べない、言語理解が乏しい、音に敏感、少しもじっとしておれないなどがみられる言葉遅れの子どもたちは、自閉症の数倍います。かれら自閉症圏障害を含む言葉遅れの子どもたちは……」

以下、子どもの事例などを読んできますと、言葉の発達のことで私が父母の方から教育相談を受ける内容とよく似ていて、この子どもたちの言葉の指導、国語教育の内容と方法に思いをめぐらさずにはいられませんでした。

つづいて翌日、私はふと図書館で「Newsweek」（二〇〇〇年八月三十日発行）を手にしました。ページを開いていくと「自閉症の心に光を当てる」というタイトルの記事に出あいました。そこには「五〇〇人に一人の確率で生まれる」という文があり、「有毒廃棄物の処分場があるニュージャージー州ブリックの発症率は全米平均の三倍」という連邦当局の報告書のことや「ニューヨークのマウント・サイナイ医学大学院のエリック・ホランダー氏は数年前、診断した患者の母親の六〇%が、妊娠中に陣痛促進剤のピトシンを投与されていることを発見した。」という自閉症の原因追求の研究報告などが出ていました。そして「完全な文章を一度も口にしていない。」ラッセルという子どもが言語訓練や行動療法を受け、地元の小学校の特別クラスで少しずつ症状が改善されているとも出ています。

本書の「まえがき」にも述べましたが、私自身、自閉症児の急速な増加を感じていましたし、また現場の先生方が彼らの言語指導に悩んでおられる状況に接してきました。そしてなにか手がかりになるものがほしいという声を聞かされました。

このようななかで私は多くの先生方のご協力を得て、本書を刊行するに至りました。本書は全国各地の教室の実践記録的集成です。書かれていることは、その一つひとつが事実であるために、指導の方法も、そのことによる子どもの変化や成長も貴重なもので、参考にしていただく価値は大きいものではないかと思います。

もちろん、自閉症児の医学的治療の解明なくしては教育の効果は十分には期待できません。ハンス・アスペルガーの著『治療教育学』という本の表題は、精神治療と教育を統合してすすめることを意味しているようです。彼は「総論」で「人間に対する理解は治療教育の基礎である。」といい「一般的にいって、女性の方が男性より人間に関する知識をもっている。それは女性の方が感情の領域に関係が深いからである。」といっています。本書の原稿依頼に際して、女性の先生がたからの応募が多かったことには一つの意味もあるようです。また『治療教育学』には「突然な着想・独創的言語形式・生活領域の統合力・失文法症」などのたくさんの課題があります。これらは刊行後三十年以上たっても解明は遅々としています。そして、今日ではさらに「恐怖の欠如・冷淡さ・多動・認知障害・文章速読力の欠如」など、また二次障害の課題も出されています。これらも国語教育と大きなかかわりがあります。そして難しい課題です。

私たちはこの困難な問題の解明に少しでも光を当てようと思い立ち、この本を刊行することになりましたが、この一隅を照らすことになれば大きな喜びです。

自閉性障害児にかかわる医学と教育実践の進歩によって、この子どもたちの幸せの花が咲く日を待ちつつ、さらに多くの方々とこの国語教育をすすめていきたいと思います。

二〇〇三年四月

江口季好

執筆者一覧（執筆順　所属は2003年4月現在）

江口　季好	→編者	
浦上　雄次	（うらがみ・ゆうじ）	元・東京都羽村市立武蔵野小学校
小池えり子	（こいけ・えりこ）	東京都大田区立大森第五小学校
野口　由紀	（のぐち・ゆき）	東京都国分寺市立第二小学校
永代　寛子	（ながよ・ひろこ）	東京都港区立赤羽小学校
小山　禎子	（おやま・ていこ）	熊本県宇土市立宇土東小学校
岩野しのぶ	（いわの・しのぶ）	岡山県美作町立美作中学校
福永　和子	（ふくなが・かずこ）	東京都世田谷区立烏山小学校
中村　和江	（なかむら・かずえ）	元・埼玉県川口市立芝樋ノ爪小学校
中西　弘子	（なかにし・ひろこ）	元・岡山県久米町立中正小学校
大高やす子	（おおたか・やすこ）	東京都江東区立小名木川小学校
大高　一夫	（おおたか・かずお）	東京都江戸川区立松江小学校
木村　宰子	（きむら・さいこ）	埼玉県草加市立新田小学校
鈴木ともえ	（すずき・ともえ）	東京都大田区立入新井第一小学校
小西ヒサ子	（こにし・ひさこ）	広島県広島市立中島小学校
飯野　由美	（いいの・ゆみ）	東京都立板橋養護学校
湯浅　史子	（ゆあさ・ふみこ）	岡山県落合町立落合小学校
高濱　恵子	（たかはま・けいこ）	熊本県熊本市立日吉東小学校
土井　正子	（どい・まさこ）	岡山県津山市立北小学校
笈川　義和	（おいかわ・よしかず）	東京都大田区若草青年学級講師
細羽見ゆう	（ほそばみ・ゆう）	青森県弘前市立豊田小学校
村松　明代	（むらまつ・あきよ）	東京全障研事務局
宮本　宣子	（みやもと・のぶこ）	埼玉県川口市立幸町小学校

自閉症児の国語(ことば)の教育

■編者紹介■
江口季好（えぐち・すえよし）

1925年　佐賀県諸富町に生まれる。

佐賀師範学校卒業後、早稲田大学文学部卒業。小学校・中学校に勤務。東京都大田区立池上小学校で17年間、心身障害学級担任。東京都立大学講師・大田区教育委員会社会教育課主事などを勤める。

日本児童文学者協会員・日本国語教育学会会員・全障研会員。

日本作文の会編『日本の子どもの詩』全47巻の編集委員長として1986年サンケイ児童出版文化大賞を受賞。

〈著　書〉

『児童詩教育入門』『綴方の鑑賞と批評』『児童詩教育のすすめ』『作文教育のすすめ』『詩集　風風吹くな』『詩集　チューリップのうた』『児童詩集　はとの目』（以上、百合出版）、『児童詩の授業』『児童詩の探求』（以上、民衆社）、『子どもの詩　えんぴつでおしゃべり①②』（子どもと教育社）、『特別支援学級の学習指導計画案集』『特別支援学級の国語(ことば)の授業』『ゆっくり学ぶ子のための　こくご　全7冊』（以上、同成社）ほか。

〈共・編著〉

小学校教科書『国語』（日本書籍）、小学校教科書『道徳』（日本標準）、『国語辞典』（日本標準）、『青空文庫』（日本標準）、『こくごだいすき』（三省堂）、『ゆっくり学ぶ子のための　さんすう　全5巻』『心身障害学級・養護学校詩文集 ことばを生きる力に（第1集）』『ゆっくり学ぶ子のための「こくご」学習指導の展開』（以上、同成社）ほか。

2003年4月20日初版発行
2010年9月10日第4刷

編　者　江口季好
発行者　山脇洋亮
印　刷　三美印刷㈱

発行所　東京都千代田区飯田橋 4-4-8
東京中央ビル内
㈱同成社
TEL 03-3239-1467　振替00140-0-20618

ISBN978-4-88621-272-6　C 2037